www.tredition.de

AF177409

Treibt sie weg, sie sind nutzlos! Erfreuet euch eures Lohnes
und euerer Vernutzung.

Helmut Hoppe

Die Reißbrettgesellschaft

In einer gepflegten Konsumgesellschaft ist die
Sortierung der Mitglieder nach ihrer
Verfügbarkeit unumgänglich

www.tredition.de

© 2012 Helmut Hoppe

Verlag: tredition GmbH, Mittelweg 177, 20148 Hamburg
Printed in Germany
ISBN: 978-3-8424-2342-8

Bibliografische Information der Deutschen Nationalbibliothek:
Die Deutsche Nationalbibliothek verzeichnet diese Publikation in
der Deutschen Nationalbibliografie; detaillierte bibliografische Da-
ten sind im Internet über http://dnb.d-nb.de abrufbar.

Inhaltsverzeichnis

Vorbemerkung

Bei der Hetze nach einer begehrten Position in der Verwertungsgesellschaft hat der noch die besten Chancen, der die Aufforderungen der Konsumindustrie frühzeitig in sein Gehirn eingewoben hat. Er will deshalb durch sein schmeichelhaftes Verhalten, in einer für ihn und andere besonders überzeugenden Art, signalisieren, dass er verfügbar und nützlich ist.

Dem Einzelnen, dessen Nutzbarkeit vom sozialen Umfeld geprüft wird, erscheint jedoch seine erfolgreiche Selbstdarstellung als Ergebnis seiner eigenen, ganz privaten Geschicklichkeit. Bevor er jedoch die Prüfung bestanden, die erstrebte soziale Belohnung ergattert, musste er sich in eine verwertbare Ware verwandeln. Die Wahrnehmung sich gut dargestellt zu haben, steigert das wunderbare Gefühl etwas Besonderes zu sein.

Durch solche vorherrschenden Denkweisen, über solche Individualisierungen, in denen der Einzelne als seines Glückes Schmied erscheint, schraubt sich das Gedankengut einer Gesellschaftsschicht in das Bewusstsein der breiten Masse und in die Persönlichkeitsentwicklung Jugendlicher, das schon vor vielen Jahren von Zeichnern entworfen wurde. Dieses Bewusstsein soll verhindern, das Machtgefüge der Marktgesellschaft zu erkennen. Nach diesem Vorgeformten sollen wir uns jedoch orientieren. Es soll vorgefertigte Wege weisen, auf denen die ersehnte Anerkennung wartet.

Das Erlebnis ein geachteter Mensch und erlesener Konsument zu sein, die weggeworfenen leeren Hülsen vom Arbeitsmarkt am Rande liegen sehen, diese Signale geben eine angstfreie Sicht der eigenen Lebenslage.

Der gefügige Arbeitsmensch hat so seine Einwilligung gegeben, um selbst zum verwertbaren Werkzeug einer Konsumgesellschaft zu werden.

Der innige Gebrauch vom vorsortierten Denken hilft vielen sich den Übereinkünften zu fügen, die glauben, auch der Arbeitsmarkt funktioniere nur nach dem Prinzip Angebot und Nachfrage. Wir müssen einen Blick auf das Reißbrett wagen, auf dem ein ökonomisches Gesellschaftsbild entworfen wurde, in dem Solidarität nicht eingezeichnet ist, sondern zweckdienliche Konsumenten und unternehmerische Persönlichkeiten die Zugehörigkeit stiften.

Dieses Buch versucht das versteckte Gefüge offen zu legen, das verhindern soll, unseren sozialen Ort und die Sitzordnung in ihm in Gefahr zu bringen.

Es will nicht Zurechtweisen, sondern die verdeckte Wirklichkeit begreiflich und fassbar machen. Die gehorsame Apathie der Menschen aufdecken üben. Denn welch bittere Kunst ist es, auf einem drehbaren Bürostuhl thronend viele Jahre zukunftsgläubige Menschen in ungesicherte Arbeitsverhältnisse zu locken. Doch wenn sie dann für Arbeitgeber nutzlos geworden sind, sie einfach wie Abfall wegzuwerfen. Eine erfolgreich durchgeführte Dressur, die kritisches Denken ausgeschaltet hat.

Es muss etwas geben was sich hinter dieser Abrichtung, hinter dem Antrainierten verbirgt. Was verkriecht sich hinter der beseelten feinen Bekleidung, dem vergötterten Mittelklassewagen und hinter den geradlinigen Beeten der Vorgärten? Was verbirgt sich hinter dem Anerkennungsmuster und dem Tragen der Schablonen? Wer bietet hier diese Symbole? Das Verborgene ist die erhoffte Zustimmung, das Betteln um Zuneigung und die quälende Angst in elende Bedeutungslosigkeit abzusinken. Die Anbieter der Symbole jedoch wollen uns mit ihren Verlockungen täuschen. So entsteht die Zähmung, um gefügige Arbeitsmenschen und gute Konsumenten der Marktmacht zu unterwerfen. Wer jedoch die Aufgaben nicht erfüllt, zu denen wir als Umworbene ohne zu murren verpflichtet sind, dem gleitet die Erde unter den Füßen weg.

Erstes Kapitel

Die gefesselten Konsumenten

In einer Profitwirtschaft ist ausgerechnet der Konsument als Individuum völlig betäubt. Nicht nur, dass er zum Spielball mächtiger Konzerne hergerichtet wurde, wenn er deren Produkte gegenüber steht, sondern weil ihm durch den Kauf der Ware vorgegaukelt wird, es sei nun ein geachteter und wertvoller Mensch geworden. Er ist einfach Objekt von Bewusstseinsmanipulationen, die ihn das Angebotene freiwillig akzeptieren lässt. Der Weg vom Wettbewerb vieler kleiner regionaler Unternehmen hin zur Vermachtung der Großkonzerne macht den alten aus dem Bewusstsein verdrängten, aber niemals aufgehobenen Sachverhalt wieder sichtbar, dass in unserer wirtschaftlich organisierten Gesellschaft die Kauflust vom Angebot und nicht das Angebot von der Kauflust abhängt. Die Konzerne mit ihren Neuromarketingabteilungen produzieren Bedürfnisse und lackierte Schablonen.

Die stetig steigenden produzierten Bedürfnisse schwimmen in Containern zu uns übers Meer, werden in Häfen auf große Lastkraftwagen verladen und rollen dann über Autobahnen zu den Konsummärkten. Ein stöhnendes unendliches Band von hergestellten Bedürfnissen fließt Tag für Tag über die Straßen. Gleichzeitig reiben sich Lkw-Hersteller und Treibstoffgiganten vor Verzückung die Hände. Zuletzt belagern aufgescheuchte Konsumenten Parkplätze und irren verträumt vor voll gestopften Regalen umher.

Sobald wir mutig hinter die Bühne schauen, erleben wir, dass Werbefeldzüge mit Symbolen an Triebstrukturen appellieren, um Kaufentscheidungen der Konsumenten zu beeinflussen. Die Kosten der Werbefeldzüge schlagen sich natürlich in den Verbraucherpreisen nieder. Alle Ausgaben, die von Unternehmern und Konzernen getätigt werden, um Menschen zum Kauf bestimmter Waren zu ermuntern, liegen über den Summen die der Staat für Bildung ausgibt. Profitmaximierung der Unternehmen ist wichtiger als Investitionen in die Bildung junger Menschen. Die Wirtschaftspolitik in einem solchen System richtet sich auf ein einziges Ziel: die Umworbenen zu Konsumhandlungen zu veranlassen, um das wirtschaftliche Wachstum im Plus zu halten. Unverhüllter kann man die Abhängigkeit einer ganzen Gesellschaft von einer kleinen aber bestimmenden Geldelite und die Funktion der Politik in diesem System schwerlich in einem Bühnenbild darstellen. Um die Unternehmer geneigt zu machen, ist es nötig, ihre Gewinnerwartung zu steigern. Zu diesem Zwecke muss der Staat ihnen nun mal Steuererleichterungen einräumen, als Tribut dafür, dass sie ungehemmt ihre Ziele verfolgen können.

Es schwang sich da eine Gruppe zu den Göttern des Wirtschaftsmechanismus auf, doch diese beherrscht mit aller Härte das Leben der abhängigen Masse unserer Gesellschaft.

In diese Abhängigkeiten wird hineingeboren, mit ihnen wird sozialisiert, und später können Erwachsene sich nicht mehr von ihnen distanzieren. Natürlich bringt das Gehirn sehr viele Vorinformationen mit, deutet ausgehend von genetisch verankertem Vorwissen und stellt Fragen, aber die Überformung der ursprünglichen Architektur hängt von der Verfügbarkeit der Umwelt und von deren Struktur ab.

Was geht da verschleiert vor sich?

Ein riesiger Saal, gefüllt mit aufgereihten Menschen, alle reglos, nur ihre Hirne schalten und speichern, vorne ein sichtbares und lautes Geschehen, das sich vor ihnen abspult. Das Geschehen wiederholt sich beliebig. Zur gleichen Zeit sitzen unzählige andere in kleinen Räumen zu Hause vor den Bildschirmen und lassen Sehbares und Hörbares vor sich abspielen. Auch tagsüber sitzen Schüler, große und kleine, viele Jahrgänge auf Stühlen und empfangen die Informationen, die man ihnen zugedacht und zugemessen hat.

Wer sitzt nun hinter den Kulissen und formt? Sinnbotschafter arbeiten als Beleuchter, legen schwarze und rote Schalter um, denn sie sind verantwortlich für die öffentliche Meinung. Ständig werden die Kulissen hin und her geschoben, neue müssen entworfen und bemalt werden.

So serviert man uns tagtäglich die uns zugedachten Neuigkeiten. Herren in feinen maßgeschneiderten Anzügen kommen und gehen, steigen breite Treppen hinauf, automatisiertes Lächeln, schütteln Hände, dann wird Papier unterzeichnet, Kameras blitzen. Ein Unternehmen soll in Stücke geschnitten werden. Alles läuft unter der Herrschaft von Symbolen ab, die sich zum Beispiel, Export, Gewinne, Konsumnachfrage, Wachstum, Milliarden, Entlassungen, Wohlstand für alle, nennt.

Nächstes Bild: Damen und Herren mit harten Gesichtszügen, sitzen an langen Tischen, verhandeln um Teile von Prozenten, um Entlassungen, um Lohnkürzungen, um Subventionen; das Ganze wegen eines Systems, das sich mit Bezeichnungen wie Sozialstaat, Wachstumshindernisse, Verschuldung, Konsumzurückhaltung, Kapazitätsauslastung und ähnliches schmückt. Dabei nennen oder formulieren weder die Unterzeichner noch die Damen und Herren an den langen Tischen diese Begriffe nicht; sie sind einfach da, werden gedacht, auch im regungslosen Publikum, sind eisenfest in allen Hirnen verankert. Nicht ein Gedanke zündet im Zuschauersaal, ob nicht langfristig diese Systeme zu unserem Untergang führen, ja führen müssen. Solche Gedanken überhaupt zu fassen ist den Gehirnen der Anwesenden kaum mehr möglich. Durch einen Berg von Informationen, über Prioritäten, über Wachstumsschlager, über Exporterlöse, über politische Absprachen und Pfründe sind alle Speicherkapazitäten und Netzwerkverschaltungen der Gehirne vergeben – mit anderen Worten, besetzt von Botschaften. Und die Blockierten können nicht das Neue denken, nur das gepflegte Bekannte verknüpfen.

Manchmal, viel zu selten, blitzt ein neuer Gedanke oder doch eine neue Erkenntnis – ein hoher Beamter gesteht im privaten Gespräch, er und seine Kollegen seien Gefangene des Systems. Nach dem Gespräch fährt er mit dem Dienstwagen wieder in sein großes Büro zurück und nimmt die Sechzigstundenwoche im System wieder auf. Er sitzt, etwa vor der Fernsehkamera und erklärt, die Regierung dürfe nicht so pingelig mit den Wirtschaftsprogrammen sein, besonders bei einer drohenden Rezession nicht, sie müsse den Konsum ankurbeln. Abends ist dieser Mensch dann rechtschaffen müde, nach der völligen Abwesenheit von Skrupel bei einer Tätigkeit am Tage, die sinnlos wäre, hätte sie nicht die Billigung des Herrschers über die Hirne.

Wählen wir ein weiteres Theaterstück aus: Eine öffentliche Diskussion. Es tönt laut: Wir brauchen Wirtschaftswachstum, Exportüberschuss, Armut steigt, Schere tut sich auf, Reiche, Linke, Konsumkrise und rettet den Kapitalismus. Bis weit in die Kreise der Gehirngrößen hinein werden nach wie vor diese Begriffe verwendet, die längst untauglich geworden sind um die Wirklichkeit zu erfassen oder zu beschreiben. Da wird emsig mit Wörtern gehandelt, ohne dass diese Begriffe noch mehr vermitteln würden als alte, vertraute Bürogerüche. Ein wunderbarer Begriff ist „Wohlstandsillusion". Er besteht buchstäblich aus nichts anderem als der Angst vor Einbußen, der Angst vor leeren Regalen, der Angst vor dem Verlust des Häuschen, der Angst vor dem sozialen und wirtschaftlichen Untergang, der bei vielen schon eingetreten ist, und der Hinwendung zu tröstenden Glaubensgebäuden die Hoffnung versprechen.

Schweigen im Zuschauerraum, Angstschweiß tropft vereinzelt. Botschafter aus Politik und Wirtschaft betreten nun die große Bühne, Kapitalismuskritik wird leise beiseite geschoben, doch dann laut: wir brauchen Wachstumsimpulse, und spannt Rettungsschirme über das Reichengeld. Eine Kontroverse über unser Wirtschaftssystem ist entfacht. Aber diese ökonomisch und ökologisch notwendige Kritik verbündet sich sofort mit der mehr oder weniger verhüllten Anerkennung des gesellschaftlichen und wirtschaftlichen Status quo. Alle schlauen Vorträge in wissenschaftlichen Räumen oder in Vorstandsetagen haben ein Goldkörnchen Wahrheit, aber die zwanghafte Befolgung von vorgeformten Mustern der teilnehmenden Hirne können kein anderes Denken zulassen.

In der Tiefe ist diese Unfähigkeit von alten Begriffen und Mustern loszukommen, einer der gefährlichsten Taten der Kolonialmacht alter Denkmuster, die sich nicht überschreiben lassen wollen. Gegen eine Kontroverse kann ein tatkräftiger Ideologe eigentlich gar nichts haben. Im Gegenteil, Kontroversen ist der Dünger für seine Gehirn-Äcker. Denn solange darüber gestritten wird, ob ein längst überfälliger Mindestlohn oder eine Reichensteuer eingeführt werden soll, solange kann das System selber, das ein System von Klassenverhältnisse ist, überhaupt nicht in Frage gestellt werden, und der Ideologe gedeiht und wird fetter. Im Bankensektor werden die innovativsten Finanzprodukte entworfen, doch in der Sozialpolitik begnügt man sich mit einem Sparpaket gegen Arbeitslose, in dem die Prioritäten signalisieren, dass man das System der Ausbeutung in der Arbeitswelt nicht kippen will. Man möchte doch eher bei den wertlosen Faulenzern sparen.

Welche Rolle spielen nun die Botschafter der Medienindustrie auf der Bühne? Wenn ein Hof-Blatt irgendeine Scheinkontroverse entfacht, um seine Leser zu unterhalten, dann gibt es die große Schlagzeile. Diese Wirbel um etwas, ist, natürlich ohne dass der naive Leser es weiß, eine perfekte Beschreibung eines Rituals. Und diese Wirbel bedürfen der Diener, die sie erzeugen – eben der Diener der öffentlichen Meinung, der Journalisten. Je scheinbar scharfsinniger sie ihren Geschäften nachgehen, so eleganter der Wirbel, desto geschützter die Identität ihrer Lohngeber, denen sie verpflichtet sind.

Auf geschickte Weise verknüpfen Arbeitgeber und Meinungstransporter, die gemeinsam am Reißbrett saßen, ihren Pragmatismus und ihre Ideologie zu einem Konzept. Bei den bürgerlichen

Schichten, die für ökonomische Fragen besonders empfänglich sind, zugleich uneingeschränkt an den Hauptströmungen ihrer Wohlstandsgesellschaft festhalten möchten, trifft es auf eine günstige Stimmungslage. Einige populistisch aufgeladene Stichworte stechen besonders hervor, und sehnsüchtige Gehirne versammeln sich gerne hinter ihre Botschaften.

Erstes: All jene, die wissen, ohne Staat leben und konsumieren zu können, neigen dazu, im Sozialstaat eine mehr oder weniger überflüssige Einrichtung zu sehen, von der sie ausgeraubt werden. Und diejenigen, die in Gefahr sind auf das Sicherheitsnetz des Staates künftig angewiesen zu sein, glauben, noch aus eigener Kraft seiner Inanspruchnahme entrinnen zu können. Die Empfehlungen von Eigenverantwortung und Selbsthilfe, als die tragenden Prinzipien der sozialen Sicherheit, die nicht auf den Samariterdienst des Staates setzt, knüpft an den illusorischen Glauben individueller Stärke, und verhehlt vorzüglich die verschlungene Macht von Industrieunternehmen und Staat, wodurch sich viele Lohnarbeiter im Arbeitsprozess weitgehend wie Untertanen beugen müssen.

Allein schon die sich mit der strukturellen Arbeitslosigkeit, die in unserem Staat gefährlich hoch ist, verfestigende Spaltung unserer halbblühenden Gesellschaft in einen durch Privilegien ergatterten Kernbereich und einen abgedrängten Kranz von Randbewohner, müsste doch die hartnäckigsten Ideologen zur Umkehr anregen. Nichts, nur inneres klatschen. Zu verführerisch die begehrten Einkommen und die steuerlichen Abschreibungsmöglichkeiten. Nur unbewegliche Hirne auf den Rängen. Keinen zaghaften Schritt des Gewissens zu den Rändern der Gesellschaft.

Zweitens: Eine völlig grobe Kritik der linken Politik, die in ihr ein diktatorisches Modell sieht und auf den blanken Verrat aller mit diesem Begriff verknüpften Alternativen hinausläuft, setzt auf die ewiggleichen, immer wieder neu geschürten Ängste vor Enteignung und Einkommenseinbußen. Diese Position bedient das Bürgerliche, denn dem Denken über eine Veränderung des herrschenden Gesellschaftssystems soll der Berechtigung entzogen werden. Und es gibt noch genügend geschäftliche Gefühle im Lande, die sich gerne bereichern möchten.

Drittens: Die bejahende Betonung der Normalität mit ihrer prahlenden Feier der Leistungsträger entwertet alle Menschen, die nie eine Chance hatten ein gutes Leben zu führen. Für die rechten und liberalen Denker ist es das einheitsstiftende Motiv. Die Ökonomisierung des sozialen Lebens kann vorangetrieben werden. Eine Profitorientiertheit mit ihren gnadenlosen Einschränkungen des natürlichen Lebens nimmt Einzug in die Neuronenverschaltungen der Gehirne und feiert dort durch Überschreibungen zahlungskräftige Bedürfnisse in den Konsumsphären der Kreuzschifffahrten bis hinauf zu den Sportwagen und Yachten. Auf den Jahreshauptversammlungen vieler Aktiengesellschaften bewegen sich reibend einige Hände, da bewegt sich Geld in weit geöffneten Schatullen.

Die hier aufgeführten Stichworte, die für die Position einiger Gruppierungen von elementarer Bedeutung sind, sind ideologische Deckbilder für wichtige Leitbilder. Denn im unbarmherzigen Wettbewerb um die knappe Aufmerksamkeit zukünftiger Konsumenten suchen die Anbieter der Konsumgüter, einschließlich ihrer Werbeindustrie, verzweifelt nach jenen noch unbearbeiteten Konsumenten, die noch Geld in ihren Händen halten.

Wie kann man nun die unwillkommene Opposition in unserer Gesellschaft ausbremsen? Durch eine gezielte Isolierung aller Störfaktoren unserer Konsumgesellschaft. Hierfür einerseits die Akzeptanz technischer Neuerungen und auf der anderen Seite die Förderung beliebter schichtabhängigen Konsummuster. So wird Arbeitslosigkeit einfach mit einer größeren Programmauswahl der Fernsehsender, mit Flachbildschirmen und kleinen Ersatzeinkäufe im H&M Shop gemildert. Diese angebotenen Ersatzmittel besänftigen kurz das Gefühl der Leere und man kann sich für wenige Tage mit den Kleinhabenden messen. Hochwertigere Schichten erfreuen sich am Abend in feinen Restaurants, in Fahrzeugen der Premium-

Klasse und in ihren privaten Winkeln schöner Bausubstanz. Eine gesellschaftliche Konfliktanfälligkeit wird so weich abgedämpft, und die billigenden Risiken, wie die Entwicklung radikaler Gruppen, in die armen Wohnsilos der Städte verschoben, wo sie für den gehobenen Bürger ungesehen bleiben sollen. Nur nicht rütteln am sozialen Standort, am hochwertigen Konsum und Dienstwagen, nur nicht zweifeln an wirtschaftlichen Anreizwerkzeugen. Gleichgültig wie andere leben müssen. Ach ja: sie werden noch gebraucht, die Faulen, die Verlierer, als abschreckende Sündenböcke.

Es ist die bewusste Aufsplitterung der Gesellschaft. Die Einen können sich als fortschrittlich darstellen, und die Anderen mögen sich gefälligst in ihrer selbstverschuldeten Überflüssigkeit zurechtfinden.

Zweites Kapitel

Das Marktregime im Innern

Es bleibt uns keine andere Wahl, als uns von einem System zu befreien, dass die Steuerung unserer Handlungen übernommen hat. Überall rufen uns Botschafter in den Medien zu: Ihr seid freie Bürger und wertvolle Konsumenten, und ihr seit selbst verantwortlich für eure Taten!

Die kritiklose Übernahme dieser Botschaft gemahnt allerdings an die grundlegende Schwäche des Einzelhändlers: scheinbar frei, zu kaufen und zu verkaufen, ist er – ohne das er sie kennt – ein Opfer der Marktgesetze. Der private Mensch und sein Wille, frei zu wählen, ist von Anbeginn ein Truggebilde. Die Inhalte seiner Wahl gehorchen den Vorschriften der Konsumgesellschaft und nicht der individuellen Sphäre. Denn unablässig wird uns eingetrichtert, dass wir gute Konsumenten sein müssen, wenn wir als Teil dieser Gesellschaft geachtet werden wollen.

Es ist der innere Drang der bürgerlichen Mitte, das menschliche Wesen für den Markt herzustellen. Jetzt, wo es neu verkündet wird, war und ist die Idee des autonomen Bürgers ideologisch. Gute Konsumenten wie auch Arbeitslose sollen glauben, dass ihr Glück oder Unglück von ihren privaten Fähigkeiten abhinge und sich nicht durch Machtgefüge bestimmte. Doch das Privatinteresse ist selbst schon von wirtschaftlichen Interessen durchwoben.

Die Kälte in gesellschaftlichen Beziehungen lässt uns bald erstarren. Die Mühe sich psychisch warm zuhalten und den langsam durchsickernden Frost abzuwehren, raubt die Möglichkeit für ein anderes Denken. Das des Verstandes beraubtem Gehirn zieht unwillkürlich Programme an, die eher dazu dienen, Freunde und Feinde auseinander zuhalten, als die Wirklichkeit zu verstehen.

Ohne Reflexion wandern wir auf den alten Gleisen der bürgerlichen Gesellschaft. Unsere privaten Hoffnungen, Wünsche und kläglichen Entmündigungen sind von industriellen Mächten gelenkt. Diese Mächte beeinflussen nicht nur einfach das Private, sondern sie dringen in es ein. Vor allem müssen wir vermeiden, die Marktgesellschaft oder die mächtigen Konzerne als etwas dem Menschen gegenüber zu stellen. Denn im Mensch sind das gesellschaftliche Mächtige und das ohnmächtige Ganze.

Als Nebenprodukt der von außen angestoßenen Selbstaktivierung entsteht die Fetischisierung menschlicher Beziehungen, Reaktionen und Gefühle. Abgehoben von gesellschaftlichen Formen erscheinen sie als individuelle Reaktionen freier Männer und Frauen auf besondere Situationen und nicht als das, was sie wirklich sind: menschliche Reaktionen auf eine hässliche Verbraucherwelt. Heute sind diese Beziehungen unmenschlich, denn sie haben mehr mit Dingen und Markt gemein als mit Subjekten. Und das liegt nicht am bösen Willen, sondern an einer unheilvollen Umgebung. Der Kult der Subjektivität, der Kult sich mit feinen Kleidern auszuschmücken, ist eine direkte Reaktion auf ihre Not.

In dieses Bild passt der Ansporn der Politik, der Arbeitnehmer müsse zum Unternehmer seines Lebens gemacht werden. Der Mensch in der unteren Hälfte der Gesellschaft als Unternehmer seiner Arbeitskraft und Daseinsfürsorge fügt sich ein in den Traum der oberen Hälfte. Auf der Bühne gehen die Scheinwerfer für das soziale Umfeld aus, denn es muss im Dunkeln bleiben. Ein Sprecher betritt die Bühne und verkündet: Angesichts der schwierigen wirtschaftlichen Lage sei jetzt nicht mehr die Zeit, Forderungen an den Wohlfahrtsstaat zu stellen ohne zu neue Leistungen bereit zu sein. Manche Ansprüche haben ihre Berechtigung verloren, und Kräfte der Selbstorganisation in unserer Gesellschaft müssen aktiviert werden!

In diesen politischen Verlautbarungen wird der Eindruck erweckt, als könne der Einzelne ganz auf sich selbst geworfen tätig werden und der soziale Raum des geforderten Handelns müsse nicht weiter berücksichtigt werden. Zweifellos hat der Wohlfahrtsstaat in den letzten 50 Jahren durch seine sozialen Sicherungsprogramme die Lebensläufe kalkulierbarer gemacht. Doch vorrangig stabilisierte er die ausbeutende Wirtschaftsform in unserer Gesellschaft, indem er versuchte die sozialen und gesundheitlichen Schäden, die durch Arbeitsprozesse in den Menschen angerichtet wurden, zu reparieren. Der Ruf nach Selbstverantwortung signalisiert, dass die stetig steigenden Schäden vom Wohlfahrtsstaat nicht mehr repariert werden können und sollen.

Nun haben nicht alle die gleichen Voraussetzungen für eine selbstaktivierende Lebenspolitik, denn der Staat schafft nicht den Rahmen für Eigeninitiative und Selbstverantwortung aller. Die gesellschaftliche Mitte verfügt über angemessene Kapitalien, wie finanzielle, kulturelle oder soziale, um sich tatkräftig durchzusetzen, jedoch die darunter haben nichts. Zu befürchten ist, dass jetzt ein neues gesellschaftliches Leitbild in das Alltagsbewusstsein installiert wird, das überwiegend nur an die Maßstäbe der mittleren und gehobenen Schichten andockt.

Die Semantik der Eigenverantwortung beherrscht auch die Beschäftigungspolitik. Die jämmerliche Arbeitsmarktlage verhöhnt die Leiharbeiter, wenn Eigeninitiativen gefordert wird. Denn tatsächlich ist die hohe Arbeitslosigkeit auf eine immer geringere Nachfrage von Arbeitskräften zurückzuführen. Vollbeschäftigung wird es zukünftig nur für wenige geben. Doch weiterhin muss Arbeitslosigkeit in Reden der Botschafter aus Arbeitgeberkreisen als mangelnde Motivation und geringe Eigenverantwortung der Erwerbslosen dargestellt werden, um keinen Zweifel an der Richtigkeit der Profitwirtschaft aufkommen zu lassen. Es darf keinen Zweifel entstehen an unserer Marktwirtschaft, denn viele erhoffen sich Erfüllung von ihr und viele haben ein schönes Leben in ihr.

Von den Arbeitslosen werden jedoch unaufhörliche Bewerbungsanstrengungen verlangt, und unermüdliche Beweglichkeit in der neuen Beschäftigung. Auch die Löhne sind beweglich nach unten, denn der Rest wird ja aufgestockt. Die Richtung ist fein markiert. Unternehmer möchten möglichst ohne Personalkosten Profit erwirtschaften. Diese massiven Einschnitte in Lebensentwürfe lassen sich nur dann von der Politik medial erfolgreich verwenden, wenn die prekäre Arbeitssituation den Betroffenen als letztlich selbstverschuldet zugerechnet wird. Der Mensch als Unternehmer seiner Arbeitskraft und Daseinsvorsorge fügt sich in die bürgerliche Leitfigur, der damit unter Ausblendung seiner sozialen Umwelt, die aus Herrschaftsverhältnissen besteht, zum Fabrikant seiner Konsumentenlaufbahn wird. Diese politisch geforderte Selbstaktivierung verlagert die Ausbeutung nach innen. Jetzt sind auch die diffusen Herrschenden nicht mehr Fokus der Kritik, sondern der Nachbar kann rufen: du bist zu faul, um etwas gegen deine Arbeitslosigkeit zu tun!

Kann der Sozialstaat mit dieser Strategie seine Beschwichtigungskosten für die Hartz IV-Empfänger senken, hat er die Möglichkeit den Wunsch der Arbeitgeber nach weiteren Steuersenkungen zu befolgen? Gleichzeitig könnte sich auch das Konsumentenverhalten der Selbstunternehmer ändern, sie schwenken um zu vorgeordneten Wünschen und die Werbung trifft endlich auf fruchtbareren Boden. Es lässt sich leicht erkennen, dass das neue gesellschaftliche Leitbild, das aus den Selbstverantwortungsforderungen folgt, und mit den einschneidenden Umwälzungen im Bereich des Arbeitsmarktes begründet wird, nun Arbeitslose leichter aus dem gesellschaftlichen Leben ausgebettet und ihre Bedürftigkeit als Faulenzerei eingestuft werden kann. Mit dieser nur individualisierenden Zuschreibung von Verantwortung befreit sich endlich der Sozialstaat von der Aufgabe, Arbeitslosigkeit als Ergebnis vorherrschender marktwirtschaftlicher Bedingungen anzuerkennen. Reift diese Politik zur Blüte, ist sie erst fest im Gehirn verankert, dann ist einer Gesellschaftskritik der Boden entzogen. Die Regierung hat nun ihren Sitz fest im Überich.

Wie entstehen solche Anpassungsmechanismen? Angleichung, Fügsamkeit und der Zwang zur Übereinstimmung nehmen in den verschiedenen sozialen Schichten unserer Gesellschaft verschiedene Formen an. In den mittleren Schichten entscheiden das Vorzeigen der als richtig markierten Konsumwünsche und das Demonstrieren des richtigen Lebensstils nicht nur über den individuellen Aufstieg, sondern auch darüber, ob einer den sozialen Status wird einnehmen können, der ihm nach Herkunft und Bildungsstand zukommt. Oder kommt es zur sozialen Ächtung, wenn ein fehlerhaftes Konsumverhalten sichtbar wird. Die verinnerlicht Angst vor sozialer Isolation wird an allen Orten spürbar. Versteckte Feindseligkeit überwuchert das Alltagsleben im Bekanntenkreis. Soziale Kontrolle, die man über andere ausübt, in der Form: was machen sie beruflich und welche Schule besuchen ihre Kinder, ist eine kaum mehr bewusste Sanktionierung abweichendes Verhalten. Innerhalb der unteren Schichten, d. h. der Masse die im Niedriglohnbereich Arbeitenden und der Arbeitslosen, regelt sich die Lebenslage des Einzelnen über die Sichtweise, die der Träger von Macht ihnen verordnet.

Manchem Arbeitgeber ist Loyalität lieber als Leistung. Auch von Migranten erwartet man die Übernahme kleinbürgerlichen Erziehungspraktiken, eine bestimmte Konsumneigung, Ordnung und eine auf Disziplin abzielende Vergesellschaftung. Die Fügsamkeit der gegeneinander insgeheim Ausgespielten, ihre latente Feindseligkeit geht in den lohnabhängigen Massen einher mit der Übernahme vorgefertigtem Konsumverhalten. Man möchte so gerne gleichziehen mit dem Lebensstiel der mittleren Schicht, so gerne die Bräuche der Kolonialherren übernehmen. Der Unterworfene ohne wirtschaftliche und politische Macht, findet hier seine schmale Chance zumutbarer Lebensidylle in der Nachahmung durch Rasenmähen und Heckenschneiden. An trockenen Sommertagen hört man das grausige Brummen Hunderttausender von Mäher, die vor keiner kleinen Pflanze halt machen. Bürgerliches Ansehen dient innerhalb der Übernommenen zur wichtigsten Abgrenzung gegen die noch Tieferstehenden, die auf kleinen Balkonen ein paar Würstchen braten. In dem Maße, wie Feindschaft in das Gehäuse menschlicher Beziehungen einkehrt, passt sich das seelische Gefüge der Bedrängten diesem gesellschaftlichen Zustand in Richtung Anpassung an. Menschen versöhnen sich mit ihrer Lage, in dem sie aneinander leiden und aneinander leiden lassen. Zusätzlich erfüllt diese Feindseligkeit eine ordnungsgewährende und systemstabilisierende Funktion. Menschen können sich im Vollzug ihrer eigenen Aggressionen gegenüber anderen an das verdeckte Gewaltgesicht bürgerlicher Ordnung erinnern. Dadurch werden sie fügsam, werden sogar zu Komplizen des Unrechts gemacht, dass ihnen immer wieder übergestülpt wurde. Zu viele Menschen erfahren ihre Umgebung ungerecht und hart, ahnen kaum, an welchen Orten sie selbst dazu beitragen, fragen nicht zugleich nach den wahren Ursachen des Zustandes.

Die Einübung in diesen Zustand beginnt schon früh: in der Schule. Auch hier also unter sozialen Bedingungen von Ohnmacht und Macht. Dort lernen die Kinder Angst durch die Bedeutung der disziplinierenden Noten kennen. Man lehrt sie, was sie als Berufstätige und Konsumenten an Fähigkeiten benötigen. Die Fähigkeit der Vernunft erwerben Kinder hier nicht. Erklärte man ihnen, welche Kapitalinteressen und politische Kommandozentralen dieser Gesellschaft zuliebe ihre Zukunftserwartungen verletzen und beeinträchtigen, und man erklärte es so, dass sie es auch verstehen, dann könnte die Feindseligkeit aus den zwischenmenschlichen Beziehungen der unteren Schichten schwinden. Wo aber in den Schichtungen der Gesellschaft die genährte Feindschaft aufzuhören droht, und wo, infolge des Abbaus von Fügsamkeit, offene Aggression gegen herrschende Großkonzerne sich wenden könnte, stehen Muster der einebnenden Beschwichtigung bereit. Sei es die Fähigkeit einzelner Politiker im Alltagsbewusstsein der Bürger Randgruppen als böse Objekte zu installieren, oder die Leute durch verführerische Konsumangebote zu integrieren, irgendetwas hilft schon zu beschwichtigen und abzuspeisen. Die Kanalisierung von

Feindseligkeit gegen osteuropäische Fremdarbeiter oder Immigranten führt ja vorübergehend zu einer Entlastung zwischenmenschlicher Konflikte, denn die Mitglieder der Mehrheit rücken etwas näher zusammen. Doch die Treibjagd auf den freigegebenen Feind hebt aber langfristig den zwischenmenschlichen Konflikt nicht auf.

Die Verwalter der Kultur und der öffentlichen Meinung, allesamt Mitglieder der herrschenden Schichten, gehen mitsamt ihren Machtwerkzeugen und wirtschaftlichen Ideologien über die Lohnabhängigen hinweg, rühmen sich noch, wenn die physisch und psychisch krankmachenden Faktoren der feindseligen Sozialverhältnisse in Betrieben von der Pharmaindustrie und den Sozialämtern aufgefangen werden. Die schwierigen und bedenklichen Verhältnisse unserer Arbeitsgesellschaft wird in dem Maße weiter zunehmen, wie die Leiharbeiter, Zeitarbeiter und Aufstocker in die Unternehmen einziehen. Dieser Puffer oder auch Übergangslösung signalisiert nur, dass Unternehmer in Zukunft möglichst ohne Arbeitnehmer tätig sein wollen. Der jetzige Arbeitsmarkt lebt von der Angst vor dem sozialen Abstieg. Angst motiviert immer wieder zur Hinnahme und Übereinkunft mit dem Erdrückenden. Die Schwebelage, in der sich unsicher Beschäftigte befinden, drückt es bedrückend aus. Das Festhalten am dreigliedrigen Schulsystem vieler Eltern ist ein weiteres Bild. Vom Traum, zu den Festangestellten zu gehören, angetrieben, bewegen Menschen alle Energien, um den Wettlauf in die Stammbelegschaft zu gewinnen. Dieses Bild vermitteln sie auch ihren Kindern, und in den Schulen weht ein rauer Wind. Lassen die Jugendlichen in ihren Anstrengungen nach, droht der Absturz in die Kellerräume der Gesellschaft, droht die vollständige Trennung von regulärer Erwerbsarbeit.

Bestürzend und fesselnd, daran sei noch einmal erinnert, wirkt die wirtschaftliche Unsicherheit auf das Bewusstsein und Verhalten vieler Arbeiter und Arbeiterinnen. Dieses Marktgeschehen ist für sie eine Mühle, in der sie wie Korn gemahlen werden. In diesem steinernen Mahlwerk der Unterwerfung Ohnmächtiger in einen gesellschaftlichen Zustand, der ihre Enteignung verschärft, wird mit mageren Konsumartikeln verschleiert, was zu erahnen ist. Dieser Zustand versagt ihnen Selbstbewusstsein, in dem er sie füttert, und in dem er sie vom Aufstieg ausgeschlossen halten soll. Dieses Mahlwerk wird nicht vom Kapitalismus in Gang gehalten, sondern die Herren der Wirtschaft drehen es unentwegt.

Erstaunlich ist, dass sich die Gemahlenen weiterhin in die Warteschlangen einreihen, die die Job-Center schmücken. Zeigt sich in der dauernden Ablehnung, in den endlosen Zurückweisungen der Wartenden nicht vor allem eine Inszenierung, deren Aufgabe darin besteht, die Arbeitsuchenden von ihrer Nichtigkeit zu überzeugen? Dem gefügigen Publikum das Bild ihres Misserfolgs einzuhämmern und die Vorstellung medial zu verbreiten, die Betroffenen seien selbst dafür verantwortlich? Sie sind nur Besiegte, in die Enge getriebene, gefesselte Einzelschicksale, die sich am Rand der Gesellschaft entlang schleichen sollen. Zwischen diesen Enteigneten und den Kernbelegschaften großer Konzerne entsteht so eine Art milchige Trennscheibe. Und weil man die Enteigneten immer weniger wahrnehmen will, weil man sie sich aus dem eigenen Lebensumfeld entfernt und ausgelöscht vorstellt, bezeichnen wir sie schnell als Ausgeschlossene. Doch ihr Schicksal ist mit uns verzahnt, sie sind nur an andere Orte verbannt, verstoßen, unterworfen und sie sind unwillige Konsumenten.

Sie sind einfach Störenfriede.

Es will schon etwas heißen, wenn ein großer Teil der Menschen in einer hoch entwickelten Gesellschaft unaufhaltsam auf besonders angefertigte Abstellgleise gedrängt werden. Es will auch etwas heißen, dass viele dazu gebracht werden, um Arbeit zu betteln, und zwar um egal welche und egal um welchen Preis. Wir brauchen nur zu beobachten, wie sie genommen und wieder weggeworfen werden, ganz nach der Lage des wechselhaften Arbeitsmarktes, der mal schrumpft und mal sich bläht. Wir müssen uns nur ansehen, wie sie in vielen Fällen nicht mehr brauchbar sind, und wie sie, vor allem die jungen, in einer entwürdigenden Verlas-

senheit dahinleben und wie wir ihnen das übel nehmen. Die Festangestellten, die heute müde und zufrieden in ihr Bett fallen, haben
vielleicht schon morgen die heimtückische Furcht, das diffuse Er-
schrecken davor, als überflüssig abgestempelt zu werden. Wir sehen, dass das auf einen freien Arbeitsmarkt gegründete System auf
einem faulenden Fundament steht. Denn die herrschenden Schichten eignen sich die besten Plätze an. Diese eingefahren Mechanismen, und die Institutionen, die scheinbar in der Lage sein sollen,
das Schlimmste abzumildern, drehen leer und hält uns in einem
narkotisierten Zustand. Die Apathie der Menschen, und die Ruhe
ganzer Schichten werden durch die Lockrufe der Konsumindustrie
erreicht, die unbemerkt wirken und daher eine umso effizientere
Gewalt ausüben. Doch diese Gewalt ist gar nicht mehr notwendig,
da sie schon längst in unsere Gehirne eingebunden ist. Diese
Zwänge wirken in uns, ohne das sie sich noch zeigen müssten. Was
sich hinter dieser Ruhe verbirgt, herrscht unbemerkt weiter.

Welches Schauspiel uns gerade vorgeführt wird, sehen wir an
der Verwandlung der Vollzeitarbeit in Billigjobs. Und die Politik
jubelt: es werden in Zukunft Berge von Arbeitsplätze entstehen.
Hinter diesem Schauspiel spielt sich wiederum ein anderes ab, man
hört das Totengeläut für Millionen fester Arbeitsplätze. Doch nur
wenige wollen es hören.

Wodurch haben wir diesen Gedächtnisschwund erlitten, wie
sind wir zu dieser Wahrnehmungsschwäche gekommen? Was ist
geschehen, dass heute ein solches Einverständnis aller mit der
Ohnmacht ebenso wie mit der Macht herrscht? Alle die, die gewinnen, triumphieren über das Marktgeschehen. Für diejenigen, die
nur noch verlieren, gibt es keinerlei Unterstützung mehr. Da droht
etwas Schreckenerregendes. Doch wir sitzen immer noch in den
Stühlen, sehen das Schauspiel und denken an feine Kleider. Noch
immer glauben wir, in unserer Welt der Arbeit zu leben, in ihr zu
atmen, ihr zu gehorchen, oder in ihr zu beherrschen. Diese Welt
existiert nicht mehr, oder nur noch scheinbar, und das unter der
Kontrolle weniger Kräfte, die sie auf diskrete Weise lenken und ihr

Scheitern betreiben. Die alte Arbeitswelt siecht dahin, die neue ist allein einer Kaste vorbehalten. Und dann ist da noch die Horde der Arbeitssuchenden, die bleiche Heerschar der Verlierer. Manche von ihnen hoffen noch. Wie dümmlich sie sind! Diejenigen, von denen sie sich alles erhoffen, sind nicht mehr erreichbar. Sie sind in anderen Welten beschäftigt, sie jonglieren mit Rohstoffen, Finanzwerte oder beraten feine Anzüge. Was sollten die Konzernmanager mit all den so kostspieligen Beschäftigten anfangen, für die auch noch die Sozialversicherung gezahlt werden muss und die so hinderlich sind im Vergleich zu stabilen und programmierbaren Maschinen, die immer dienstbar sind und außerdem frei von Klagen und gefährlichen Wünschen?

Die Konzernvorstände beherrschen die über alle Grenzen hinweg globalisierte Welt. Und in diesem Reich, denken arme Teufel von Arbeitssuchenden noch, könnten sie einmal einen Platz finden. Es gibt nicht mehr viel Raum für sie, und dieser enge Raum wird wegen der immer knapper werdenden Arbeit noch eingeengter, obwohl die Arbeit lebensnotwendig für viele Menschen ist. Die Mächtigen der Marktwirtschaft stört das nicht im Geringsten, denn das damit verbundene Elend ist nicht in ihrem Blickfeld, sie sehen es eher als einen unliebsamen Begleiter auf ihrem Weg. Wichtig für sie sind nur Symbole der Geldmassen, jene nicht greifbaren Kapitalflüsse haben die größte Bedeutung für ihren Ehrgeiz. Diese Haltung ist, von ihrer Bühne aus betrachtet, nur vernünftig.

Es ist ihre Aufgabe als Konzernlenker, ihre berufliche Pflicht und ihre Verständnis von Moral, diese Welt so zu sehen. Und außerdem findet hier eine berauschende und menschliche Begeisterung für Macht und Geld ein Betätigungsfeld. Besitzer einer Jacht und eines Privatjets zu sein ist in diesem Umfeld etwas natürlich begnadetes. Sie stehen über den politischen Regeln und müssen auf keine Ethik und keinerlei Gefühle Rücksicht nehmen. Die privatwirtschaftlichen Gruppen beherrschen somit mehr und mehr die staatlichen Machtinstanzen und die Erwartungen der Menschen. Man hat uns bereits frühzeitig die Gesetze der Konkurrenz und des Wettbewerbs eingeimpft, die Ausrichtung nach den Regeln der internationalen Wirtschaft. Hüten wir uns daher davor, nur anzudeuten, dass die Arbeit immer stärker der Spekulation und der Absicht weniger unterliegt. Denn man hat uns beigebracht, diese geheimnisvollen Regeln auch im Alltäglichen zu respektieren. Die Bedrohungen, die auf ausgemusterte und geschwächte Gruppen niedergehen, deren Klarsicht man heimlich einschläfert, werden auch von handlungsfähigen Teilen der Gesellschaft schweigend gebilligt.

Die Ausgemusterten sind nun einmal da, aber sie stören wie kaum andere. Richten wir unser Augenmerk mal kurz auf die brutale Gleichgültigkeit ihrer Umgebung, oder die Ablehnung der sie ausgesetzt sind. Und plötzlich erschallt eine Rede von der Arbeitslosigkeit als „unsere größte Sorge", von der Rückkehr zur Vollbeschäftigung als „unserem wichtigstem Ziel". Diese Art von politischer List nennt man soziale Verwerfung. Diese Gleichgültigkeit ist fast immer die Haltung der Mehrheit, und ihre Wirkung ist deshalb nicht zu bremsen. Oder verbirgt sich hinter der mangelnden Aufmerksamkeit eine heimliche Angst: ich könnte in diesem Wettlauf verlieren? Und ist diese Ängstlichkeit vielleicht eine zielstrebig angewandte Strategie, die wie ein trojanisches Pferd langsam in die Gehirne eingeschleust wurde, um sie für den Arbeitsmarkt gefügig zu machen? Dieser halb wache Zustand ist so angenehm, dass wir kein politisches Piratenstück verhindern wollen.

Die Arbeitermassen, die Konsumentenmassen, auf die die Privatwirtschaft bisher angewiesen war und die durch Lohnforderungen Druck auf sie ausüben konnten, werden für die Wirtschaft immer entbehrlicher und können sie kaum noch beeindrucken, denn es gibt in der Ferne bessere Absatzmärkte. Die privatwirtschaftlichen Führungsklassen haben immer agiert und andere verdrängt, haben verführt und gelockt. Denn ihre Privilegien sind nach wie vor Inhalt der Träume und Wunschvorstellungen der Mehrheit. Auch die meisten unteren Schichten sehnen sich nach diesen Sonderrechten, obwohl sie oft behaupten sie zu bekämpfen.

Die Anerkennung, die Position, die feinen Kleider, die Verbindungen und das Geld, man möchte einfach dabei sein. Wer nun zu den Blinden gehört, die sich in gefälliger Selbstsucht mit der Sicherheit ihres eigenen Arbeitsplatzes zufrieden geben und sich von der Angst angesichts der unstabilen Lage und den Stellenstreichungen nicht betroffen fühlen, stellt eine Gefahr da: Er verhindert mit seiner Haltung eine gerechte Verteilung der Arbeit.

Es ist schon verwunderlich, dass ein reiches Land, in dem langsam sich die Armut ausbreitet und das stolz auf seine Exportüberschüsse ist, es trotz allem feiert, dass sich die Armentafeln mehren. Es wäre auch schrecklich undankbar die Frage zu stellen, was diese munteren Exportbewegungen und die überaus erfreulich positive Außenhandelsbilanz für die Leiharbeiter mit sich bringen. Natürlich treibt es den Wirtschaftsbossen vor Stolz die Röte ins Gesicht, wenn sie – umgeben von Zahlen über fallende Personalkosten und steigende Gewinne – ihren Platz auf den vorderen Rängen einnehmen. Sie haben keine Zeit über soziale Sphären zu grübeln, wenn sie in ihren Firmenjets über Weltmeere fliegen.

Wie gehen wir nun mit der Jugend um? Die jungen Leute wissen, wie die Gesellschaft funktioniert, die von der Schule als Vorbild dargestellt wird. Sie kennen nicht die Mechanismen der Macht, doch ihre Ergebnisse. Was normalerweise verborgen wird, ist ihnen schon vertraut. Der Erwerb von Bildung hat etwas Strenges und Eiliges in sich. Viele werden früh mit Ablehnungen vertraut gemacht. Die Hartz IV-Jugend lässt man am Straßenrand zurück, und die Straße wird immer weniger befahren. Für den Nachwuchs der Vermögenden wird es jedoch immer enger, da auch die Vermögenden sich mehren.

Aber statt die neue Generation auf ein Leben vorzubereiten, das sich nicht nur über die Beschäftigung definiert, die für viele auch unerreichbar ist, bemüht man sie unverdrossen darum, sie für diesen schwer zugänglichen Platz antreten zu lassen, wo sie abgelehnt werden, mit dem Ergebnis, dass sie von etwas ausgeschlossen werden, das gar nicht mehr existiert. Unter dem Vorwand, auf eine Zukunft vorzubereiten, die unter längst verlorenen Bedingungen möglich war, übergeht man unverdrossen all das, was in den Lehrplänen nicht auf sie ausgerichtet war. Man hält an dem fest, was man für die Wirtschaft nötig hält. Es herrscht eher die Auffassung, dass junge Menschen nicht zielgerichtet genug ausgebildet werden, und dass sie den Unternehmen wenig Nutzen bringen.

Aber, so werden einige kritische Stimmen sich melden, wozu sollen wir Leuten, die überflüssig sind, noch wirtschaftliche Kenntnisse beibringen? Ist das denn ökonomisch vernünftig? Warum soll man ihnen die Augen öffnen, damit sie ihre Situation durchschauen, stärker unter ihr leiden und sie kritisieren, wenn sie sich doch sonst so ruhig verhalten und noch fleißig konsumieren. Wir müssen endlich der Realität ins Auge schauen: Die Unternehmen stellen aus einem einfachen Grund nicht ein, weil sie die Arbeiter- und Angestelltenmassen nicht mehr brauchen.

Die Reduzierung von Arbeitsplätzen und ihre Umwandlung in bewegliche Leiharbeit werden zu einer höchst verbreiteten Mode, und zu der sichersten Form der Anpassung der Lohnabhängigen. Diese Umstrukturierungen in den Unternehmen zerstören gleichzeitig ganze Leben und lösen Familienstrukturen auf. Wie lange werden die dadurch Aufgeweckten noch so tun, als ob sie schliefen? Oder ist schon alles in unseren Gehirnen so fest verdrahtet, dass es keinen Einspruch und keine Aufschreie mehr gibt?

Man ertappt sich bei einem abtrünnigen Gedanken: Ist das Wachstum, dass die voraussehenden Forschungsinstitute uns melden, nicht weit davon entfernt, Arbeitsplätze zu schaffen, schafft es nicht vielmehr deren Abbau? Denn das Nichtarbeiten der Arbeitslosen stellt in Wahrheit einen Mehrwert für die Unternehmen dar, und erhöht auch deren Gewinn. Er fehlt in den Taschen der Lohnabhängigen, doch für Ersatz springt der Staat ein.

Ein neuer Botschafter betritt die Bühne, und spricht mit kalter Stimme: „Die Bereitwilligkeit vieler Arbeitsloser, eine schlecht bezahlte Arbeit anzunehmen, hängt zum Teil von den zu üppigen Hartz IV-Sätzen ab." Die Wortschlacht gegen die Ausgegrenzten wird nun lauter. Hinter der Bühne hört man: Wir brauchen eine Strategie, um die Arbeitswilligkeit der Faulpelze zu entfachen. Eine andere Stimme: Das Anreizsystem ist falsch.

In Wirklichkeit geht es aber um etwas anderes. Arbeitgebern ermöglicht es, dank der Unsicherheit die auf den Arbeitnehmern lastet, die Lohnkosten ohne Gegenwehr zu senken. Für die weniger werdende Menge an Arbeit, die noch gebraucht wird, können sie einen noch niedrigeren Preis zahlen. Und das nicht ohne nebenbei noch die Schuld der Opfer hervorzuheben, die nie eifrig genug waren sich für eine Arbeit zu qualifizieren. Das bedeutet vor allem, die Menschen im Voraus so herzustellen, dass sie dem Schlimmsten nicht entgegentreten, sondern es völlig betäubt erdulden.

Drittes Kapitel

Die Verschmutzung der sozialen Räume

Das Kampfeld wird im Kindergarten eröffnet. Die Zukunft der Kinder muss fein vorbereitet sein. Später erleben sie das Vorgefundene als immer schon vorhanden. Sie beobachten, wie Erwachsene eigene Wünsche und Interessen gegen andere rücksichtslos durchsetzen. Später eifern sie ihnen nach. So schleicht sich das Ungemach ungewollt herein. In der Schulzeit begehren viele Jugendliche diffus auf. Manchen brodelt es in der Seele, bei anderen wütet es im Bauch. Sie spüren schlummerndes Neues. Doch nur das Vorgefertigte soll sich in ihren Hirnen verbreiten, und dort Gleise legen. So treiben sie ins Leben, wo für wenige der Wohlstand lockt. Sie möchten ausprobieren, testen, Umwege gehen, doch überall laute und verdeckte Appelle: schneller, besser und bitte geradeaus! Irgendwann sind sie angekommen im Reich der Konsumenten.

Von Heuchlern vernehmen sie dann Aufrufe für mehr Gerechtigkeit und Rückbesinnung auf alte Werte.

Durch den schleichenden Überlauf vieler sozialdemokratischer Parteigänger in den bürgerlichen Staat, stabilisieren sich diese Orientierungen und Erfahrungen in den Schulen, und werden als einzig richtig und ausweglos begriffen.

Der Sozialstaat bastelt dadurch aufgerufen beständig an kleinen politischen Reparaturen, um die Wunde Armut notdürftig zu verbinden. Damit Menschen sich jedoch weiterhin im Arbeitsmarkt zerreiben sollen, werden heilende Maßnahmen vermieden. Bisher werden die Aussortierten mit kleinen Geldmitteln und einer kargen Wohnung besänftigt, eine effiziente Problemverarbeitung, damit Arbeitgeber weiterhin fügsame Arbeitnehmer vernutzen können. Der Staat selber wird so zum Träger und Austragenden aussaugender Vergesellschaftungsformen in den Subjekten.

Eine Strategie, zur Überwindung der gesellschaftlichen Spaltung, wird im bürgerlichen Lager nicht erwogen. Die entstehende Not durch die marktwirtschaftliche Organisation der Arbeit und das damit verbundene soziale Leid bedürfte zwangsläufig zu seiner Überwindung ein neues politisches Modell: Die Verteilung der verfügbaren Erwerbsarbeit auf möglichst alle Lohnabhängige, statt die menschenfeindlichen Methoden der Arbeitgeber machtlos hinzunehmen. Feindliche Methoden, in der ständig Vollzeitbeschäftigte abgebaut, Zeitarbeiter und Leiharbeiter aufgestockt, sowie wertlos gewordene Arbeitskräfte rücksichtslos abgeworfen werden.

Doch nun, wo die ganze bürgerliche Leistungsgesinnung entblößt vor uns steht, ist es mit Überpinseln oder auch mit Repressalien auf die Arbeitslosen nicht mehr getan. Denn eines ist klar, Arbeitgeber haben kein Interesse mehr an den vielen Ausgesonderten, sie setzen eher auf qualifizierte Angepasste, die sie mit Belohnungen an ihre Maschinen und Schreibtische locken, um effizient Güter herzustellen. Es ist ihnen völlig gleichgültig, ob Geschundene am Wegrand zurück bleiben, denn der nächste Firmenwagen ist bestellt, um die Tore zu schmücken. Politiker stützen gerne diese Vorhaben, denn sie sind Angestellte der Mächtigen.

Auch mit ethischen Forderungen an die stärkeren gesellschaftlichen Gruppen sind die Entwicklungen nicht aufzuhalten. Es geht um zu Großes, um Positionen, um herausragendes Ansehen und auserlesenen Konsum. Eine Grundvoraussetzung des Erfolgs von neuen Wegen in der Verteilung der Arbeit ist somit immer damit verbunden, dass die jeweils mächtigere Ebene in der Hierarchie gesellschaftlicher Gruppen ihre wichtigsten Interessen nicht verletzt wähnen. Welches Angebot könnte die Politik an die Gruppen der Gutbelohnten und leistungstragenden Vollzeitbeschäftigten machen, dass sie einen Teil ihrer Arbeit an schwächere Gruppen zurückgeben, ohne an Einfluss zu verlieren?

Vereinzelt gibt es schon Menschen aus dem Hochlohnsektor, die das Kampffeld um Laufbahnen entnervt verlassen, statt Firmen- und Karrierearbeit zu zelebrieren. Wenn z.b. zwei Drittel des monatlichen Einkommens viele Tausend EURO beträgt, so ist doch auch damit ein gutes Leben möglich. Die zweite Voraussetzung ist die, dass die jeweiligen starken Gruppen überhaupt noch ein Interesse an den Schwächeren haben. Doch die besteht nur, wenn die unteren Sozialschichten einen Beitrag zur Reproduktion der bestehenden Machtverhältnisse leisten. Gefügig konsumieren ist der beste Beitrag für die Geldvermehrung der Privatwirtschaft.

Wie können hier Menschen einer Auskopplung aus dem Erwerbssystem und einer Aussortierung in dem vorhergehenden Schulsystem entgehen? In der aussterbenden Industriearbeit sind Millionen Arbeiter überflüssig geworden, sie können nicht alle in Billigjobs untergebracht werden. Das aufkommende gesellschaftliche Drama, das schon jetzt wie eine dunkle Wolke am Horizont heraufsteigt, braucht eine abwendungsbereite kraftvolle Politik, die nicht von der Geldelite in Schach gehalten wird. Denn die derzeitige Verteilung der Arbeit lässt vor allem ein Bild der Gesellschaft hervorstechen: die Organisation der Arbeit sind Verhältnisse von Herrschaft und Beugung, in denen Politiker eingebunden sind. Doch sie werden sich nicht aus diesen Herrschaftsverhältnissen lösen wollen, um wieder glaubwürdig zu sein, denn dann sind ihre erklommenen Privilegien in Gefahr.

Sämtliche individuellen und sozialen Wünsche bewegen sich in einem wirtschaftlichen Stahlkorsett und einem zernagenden politischen Rahmen. Alle Kosten für den Ausbildungssektor sind öffentliche Investitionen. Sowohl die Anzahl als auch die Verteilung der Bildungsabschlüsse jedoch sind zweifellos wirtschaftlichen Kontrollen unterworfen, wodurch eben Anreizsysteme der Privatwirtschaft individuelle Lebensentwürfe beeinflussen.

Wie würde sich das Umdenken des Staates als Einkommensverteiler und als Anbieter von Berufspositionen im öffentlichen Dienst auswirken? Der Staat übernähme die Rolle des Vorreiters, wenn eine andere Verteilung der Erwerbsarbeit für seine Getreuen in Angriff genommen wird. Kostenneutral ist die Arbeit im staatlichen Dienst auf mehr Schultern zu verteilen. Für Lehrerehepaare böte sich ein Job Sharing an. Doch weshalb streben so viele Menschen eine Vollzeitbeschäftigung an, wenn sie auch mit einem Teil ihres Einkommens gut Leben könnten? Sie haben sie sich aufgebürdet, um im Beruf ihre ersehnte Anerkennung zu finden.

Übrigens ist die Vollzeitbeschäftigung in unserer Gesellschaft eine männliche Domäne, während Frauen im größeren Umfang Teilzeit arbeiten dürfen. Der Frauenanteil an der Vollzeitbeschäftigung liegt bei lediglich 30 Prozent, mit abnehmender Tendenz. Dies bedeutet, dass durch Machtverhältnisse mehr Frauen in prekäre Arbeitsverhältnisse gedrängt werden als Männer. Infolge dieser Entwicklungen leiden Männer erheblich unter selbstverordneten Zeitmangel, ein zu wenig an frei verfügbarer Zeit, das auch zu psychisch-sozialen Belastungen führt. Gleichzeitig leiden andere, insbesondere Arbeitslose, häufig an einem zuviel an Zeit, die leere und tote Zeit bleibt. Sie kann nicht sinnvoll gefüllt werden, da sie aus dem gesellschaftlichen Anerkennungsmuster heraus fällt, das überwiegend durch die Beteiligung an Erwerbsarbeit definiert wird. Die Auseinandersetzung um die gerechte Verteilung von Zeit für Berufsarbeit oder für Familienarbeit haben die meisten Frauen verloren.

Immer wenn es um Verteilung geht, geht es um Macht. Solange Menschen in unserer Gesellschaft in alte geliebte Herrschaftspfade vor sich hin trotten, solange wird es keine andere Verteilung der Arbeit geben. Wie kann es uns gelingen diese geliebten Pfade der Geführten zu verlassen?

Wir müssen die Fratze der Machtverhältnisse, die sich im Schulwesen noch verhüllt, doch im Arbeitsleben schon unmaskierter zeigt, wahrnehmen. Es werden besonders Jugendliche verteilt, manche auf Abstellgleise geschoben, um sich ihnen als zukünftige

Konkurrenten zu entledigen. Dieses Ausmaß von erdrückender Gewalt wird von den vergesellschaftlichten Jugendlichen selbst unbewusst verinnerlicht und reproduziert. Sie nehmen nicht wahr, was sie später einmal anrichten werden. Die gegenwärtigen Machtverhältnisse reproduzieren sich zunehmend über das Festhalten früherer unerfüllter Bedürfnisse und heutigen Befriedigungsmöglichkeiten durch Geldanhäufung. Eine andere Verteilung der Arbeit ist ein Loslassen der Macht, und ein Bedeutungsverlust. Der sichtbarste Kristallisationspunkt einer zukünftigen Machtverschiebung wären Änderungen im Schulwesen. Hier wird es sich zeigen, ob Restschulen weiterhin ein Auffangbecken für die Ungeeigneten und Unbegabten bleiben sollen, die nicht gefördert werden dürfen, damit sie nicht als Störenfriede in den Gymnasien auftreten.

Denn Eltern von leistungsfähigen Schülern bangen um den geplanten Lebensablauf ihrer Kinder, wenn er plötzlich von unbegabten Schülern durchkreuzt wird. Dieser Verdrängungswettlauf im Schulwesen, der mit ausgefeilten Bildungsstrategien verbunden wird, ist im Grunde ein Konkurrenzkampf zwischen den sozialen Schichten. Ein Kampf zwischen abstiegsbedrohten, aufstrebenden und weit abgeschlagenen Milieus, der mit Kindern und Jugendlichen als Werkzeuge ausgetragen wird. Es ist ein Wettkampf mit ungleichen Kampfmitteln. Denn das Durchhalten der Optimierungsstrategie gelingt erwartungsgemäß den Kindern, deren Eltern über ein hohes kulturelles Kapital verfügen, die sich am ehesten auf die schulischen Kampfregeln einstellen können oder die Nachhilfe an Nachmittagen für selbstverständlich halten. Familien bewahren ängstlich so ihre privilegierte Position, in dem sie kulturelles Kapital in ihre Kinder investieren. Sie sorgen vom Laufstall bis zum Master dafür, dass ihr Nachwuchs die für die Erhaltung des sozialen Status notwendigen Zeugnisse erwirbt. Trotz der deutlichen Steigerung der Bildungsbeteiligung des benachteiligten Milieus verbleiben diese auf den unteren Plätzen, während Freiberufler, leitende Angestellte und Beamte ihre ohnehin gute Spitzenposition weiter ausbauen wollen und können.

Gemeinsames Lernen wäre für alle Jugendlichen die schönste und froheste Erfahrung, sie wird jedoch von interessierter Seite mit allen Mitteln verhindert. Ähnlich ist es im Erwerbssystem, auch hier werden früh genug die Nichtqualifizierten in den Niedriglohnsektor geschoben, damit sie nicht als Störenfriede in höheren Lohnsektoren mitbegehren. Denn auf keinen Fall dürfen zu viele Menschen durch niederreißen von Umzäunungen gefördert werden, weder im Schulwesen, noch im Berufssystem. Als Qualifizierte könnten sie ja später um höhere Einkommen mitkonkurrieren. Hohe Einkommen sind nur für besondere Menschen vorgesehen, auch wenn sie es für ihren Lebensunterhalt nicht benötigen. Für Mitmenschen symbolisiert es jedoch das Herausragende, und man kann sich zeigen mit feinem Tuch und Lack.

Der Verfall dieser Gesellschaft wird nur sehr schwer aufzuhalten sein, denn die einen kaufen das Allernötigste bei Aldi, andere denken über neue Bereicherungsstrategien nach. Weshalb versperrt man einem Fünftel aller jungen Menschen systematisch den Berufseinstieg, wodurch sie sich qualifizieren könnten? Die Alten haben panische Angst vor dem Ansehensverlust durch das Ende ihres Berufslebens. Deshalb zertreten sie lieber bei vielen jungen Menschen die Lebensentwürfe, statt sich zurücknehmen für mehr eigene Zeit. Die Angst vor dem Ansehensverlust, die Versagensangst, der strafende Blick der frühen Eltern, ist so tief verankert, dass sich viele bis ins hohe Alter in ihre Firmen oder vor Fernsehkameras schleppen. Was hat berufliche Bildung in ihnen bewirkt?

Tatsächlich ist Ausbildung ein Architekt einseitiger Lebensplanung geworden, der nur über Aufstiege, angestrebte soziale Orte, oder über Platzierung nachdenkt.

Welches Amt oder welchen Ort könnte ich noch erklimmen: ist die geheime innere Frage.

Die formale, allein an Abschlüsse orientierte Bildung hat zunächst übersehen lassen, welche Qualität an Bildung da entstanden ist. Denn erhöhte Ausbildung geht nicht unbedingt mit erhöhtem Grad von Bildung einher. Stattdessen liegt die Vermutung nahe, dass Wissen forciert unter instrumentalistischen Gesichtspunkten aufgenommen und verwendet wird. Man hat es dann mit einer Bildung zu tun, die nur auf wirtschaftliche Verwertbarkeit ausgerichtet ist, auf komfortablen Konsum und auf Aufstiege hinausläuft. Die Schul- und Bildungsabschlüsse als Werkzeuge dienen also hier nicht den Menschen, sondern der Selbstdurchsetzung mit all ihrer sozial zerstörerischen Potentiale. Je enger also die Menschen an erstrebten Symbolen als Prothesen für ihre bedürftige Statusposition kleben, desto schmerzhafter muss sich auch das Wissen darüber auswirken, wenn eigene Ziele nicht erreichbar sind, oder sich verflüchtigen. Die Folgen können unterschiedlich sein, und werden auch verschieden verarbeitet. Je höher die Identifikation mit ökonomischen Werten, wie Vorteile erhaschen oder Gewinner sein, sind, desto mehr sterben Werte wie Solidarität und Rücksichtnahme langsam ab. Lebensentwürfe rangen sich nur noch um lackierte Prothesen, die das sozial erwünschte Ansehen aufhelfen sollen. Diese Lebensformen sind in unserer Gesellschaft vorherrschend, und die Keimlinge werden früh in den Familien gesetzt: meine Durchsetzungsstrategie soll zur Blüte kommen!

Der Versuch, die eigene Aufnahme in die begehrte Konsumentengruppe zu sichern, auch wenn andere Menschen dadurch verstummt am Wegrand liegen bleiben, genießt hohes Ansehen.

Diese rücksichtslose Bearbeitungsform wird natürlich auch gegen Migranten eingesetzt, denn sie dienen vorzüglich als Sündenböcke, mehr noch wie Alg. II-Empfänger, wenn eigene begehrte Wünsche und Ziele einem verwehrt bleiben. Gerade in Zeiten der vollständigen Verwirtschaftlichung des Alltags und des Denkens, sowie der wachsenden Konkurrenz, führt dazu, den eigenen Status als Besitzstand zu verteidigen. Die Abwertung schwacher Gruppen ist bei Personen stärker ausgeprägt, die hohe Abstiegsängste aufweisen. Angst vor sozialem Abstieg verspürt heute die Hälfte aller Bürger. Also nicht nur in den unteren, sondern auch in mittleren Milieus, mithin bei jenen, die viel zu verlieren haben. Es zeigt sich, dass durch solche Abstiegsbedrohungen sich Menschen immer feindseliger gegenüberstehen. Wie viel Angst ist in dem Anhäufen von Geld enthalten? In einer unsicheren Soziallage wird sich eine andere Verteilung der Arbeit nicht durchsetzen können. Die Politik wird das Bollwerk der Etablierten, das durch Kapital errichtet wurde, nicht niederreißen. Diese Gesellschaft ist ein Beziehungsgefüge von verfeindeten Partikularinteressen. Hier entsteht Handeln durch verführte oder abgewiesene Menschen.

Nicht Integrationskonferenzen sind gefragt, sondern an den Sozialisationsorten der Heranwachsenden muss Rücksichtnahme und Gemeinsamkeit gelebt werden, damit wieder Keime der Solidarität für die Arbeitswelt sich entwickeln.

Der handelnde Mensch glaubt, wenn sich Probleme seinen Lebensplänen entgegenstellen, sie individuell lösen zu müssen. Er verkennt die gedankliche Isolierung des Problems aus seinen umfassenderen Zusammenhang. Er verkennt den Raum, in dem er sich befindet. Es ist dümmlich es individuell zu lösen, da es in geballter Form als gesellschaftliches Verstecktes wiederkehrt.

Die politischen Manager und Parteigänger sind zu stark verschraubt mit den wirtschaftlichen Entwicklungen, und werden auch weiterhin versuchen ihre Programme als sozialen Fortschritt zu verkaufen. Wenn eine soziale Verelendung breiter Bevölkerungsschichten verhindert werden soll, muss eine andere Verteilung der Arbeit in Angriff genommen werden. Politiker dürfen nicht nur vorgefertigte Reden fürs Wahlvolk halten, oder sich hinter ökonomischen Entwicklungen verstecken, deren Dynamik sie nicht kontrollieren können. Sie müssen erkennen, dass sie die Steigbügelhalter dieser profitorientierten Wirtschaft sind, und die ohne die wohlfahrtsstaatlichen Reparaturen ihres angerichteten Schadens nicht überleben könnte.

Entfesselte Kräfte haben politische Subjekte hervorgepresst, die sich der Wirtschaft beugen.

Wenn alle Bürger die Herstellung des Hochlohnsektors oder die massive Steigerung der Leiharbeit als sichtbare Macht von Herrschaftsverhältnissen entschlüsseln, dann kann endlich über diese verschleierten Gewaltverhältnisse in der Arbeitswelt offen gesprochen werden. Gerade die Unsichtbarkeit der Macht des Gegenübers erschwert die Wahrnehmung, und lässt das Elend der Ausgekoppelten akzeptieren. Es gilt wahrzunehmen, dass Fügsamkeit immer mehr unbemerkt die Menschen ergreift. Unsere Profitwirtschaft entpuppt sich nun als ein Trainingsprogramm für bejahende Wirtschaftsmenschen. Dieses Wirtschaftssystem ist allerdings kein Naturereignis, kein entleertes Monster, kein Sachzwang, das einzig seinen eigenen Gesetzen gehorcht. Wer tut, als ob dies so sei, verschleiert, dass es Nutznießer dieser Ordnung gibt, die dieses System genießen und bejahend in ihren Villen vorantreiben. Der Genießer erfährt Bedeutung, er formt sich und erfreut sich in diesen Gewaltverhältnissen.

Doch die Ausgekoppelten spüren ihr Elend nicht nur in ihren leeren Geldbörsen, sondern auch in den Blicken der Bessergestellten. Der willige Konsument, der sich auf diesen Wellen treiben lässt, ist ein Mitwirkender des langsam auf uns zu kommenden Dramas. Ich möchte dazu gehören, ich blicke in Spiegel, sie zeigen mir wie ich sein möchte, ich gehöre zu den gehorsamen Menschen.

Viertes Kapitel

Die öffentliche Meinung wird vorgerichtet

Es ordnet die gesellschaftlichen Verhältnissen vor, weiß schon immer was geschieht und wie gehandelt werden soll. So erwächst die öffentliche Meinung zu einer engstirnigen Führungsfigur. Sie erschließt keine neuen Horizonte, und bewegt sich innerhalb von Denkleitplanken. Auch das, was in sozialen Situationen thematisiert wird, über das reflektiert werden könnte, ist damit schon in Kanälen eingebettet. So gewinnt das Alltagsbewusstsein im sozialen Großraum eine gewisse Vordenkerrolle und Gleichgültigkeit gegenüber einer Fülle von sozialen Beziehungen. Automatisiertes Denken sichert das Vertraute, und – das ist für uns von besonderer Bedeutung – es sichert die Orientierung der Menschen im heiklen sozialen Erleben, es verbürgt Entlastung. Notwendig ist es zum Beispiel bei der Routinetätigkeit Autofahren. In diesem Feld bezeugt es große Ignoranz trotz hunderttausender Unfälle jährlich mit grausigen Folgen, die es wiederum am Leben erhält. Das Alltagsbewusstsein entscheidet darüber, ob ein zukünftiges unheilvolles Ereignis zum Thema, also bewusst verarbeitet werden kann, oder durch Verdrängung, Nichtzulassung der Wahrnehmung des Erlebnisses im Vorfeld abgewehrt werden muss. Die Nichtwahrnehmung und Abwehr entlastet, damit der alltägliche Wahnsinn auf allen sozialen Ebenen, das alltägliche dümmliche Tun und Treiben ungestört sich vollziehen kann. Man sieht es an den prall gefüllten Autobahnen an Sonntagen trotz Klimaschäden; an den Beschimpfungen der Arbeitslosen trotz fehlender Arbeitsplätze. Dieses schablonenhafte Verhalten setzt sich also auch gegenüber ihr offen widersprechende Information durch. Die folgenden

Handlungsabläufe erscheinen als völlig natürlich, auf die wir uns eingerichtet haben.

Wann immer ein Zweifel in mir entsteht, ich weiß, mein Gegenüber würde mich verspotten, wenn ich ihn ausspräche. Oh ja, ich kann schweigend über mich selbst grinsen und die Achseln zucken, oder allmählich bedenklich mit der Stirn runzeln. Doch die öffentliche Meinung ist streng und einbahnig, und duldet nicht Ungehorsame. Eine kleine privilegierte Schicht ordnete den Inhalt des Alltagsbewusstseins nach ihren Plänen. Welches Bild machen wir uns nun von der Gesellschaft?

Das Alltagsbewusstsein zeigt uns Strategien auf, wie wir in Krisenfällen – Verunsicherung, Bedrohung, Konfliktfälle – unsere Alltagswelt regeln. Es behauptet sich durch Wiederholung von Abwehrregeln. Diese Abwehrregel ist ein Schutzmechanismus, mit dessen Hilfe frühkindliche Wunschbilder oder stereotype Vorstellungen, wie der Gute, der Allmächtige, gegen Ängste und bedrohliche Themen aufrechterhalten werden. Den wiederholenden Gebrauch von früh sozialisierten Abwehrmustern angesichts neuer und fremder sozialer Situationen benennt man mit dem Begriff Übertragung. Sie tritt an die Stelle richtiger Wahrnehmung, da die Realität nicht erkannt werden soll.

Die Übertragung ist die schwankende Brücke zwischen einer sozialen Situation und unserer harmonisierten Lebenswelt.

Übertragung ist das Erleben von Gefühlen, Haltungen und Abwehr gegenüber einer Person in der Gegenwart, die zu dieser Person gar nicht passen, sondern die eine Wiederholung von Reaktionen sind, welche ihren Ursprung in der Beziehung zu wichtigen Personen der frühen Kindheit haben und unbewusst auf Figuren der Gegenwart verschoben werden.

Der klassische Übertragungsbegriff kommt aus der Psychoanalyse. Um die Bedeutung der Übertragung in Alltagssituationen erfassen zu können, muss sie auf Gruppen erweitert werden. Die Furcht unser Selbstbild einzubüßen, zwingt uns zu einem Bündnis.

Mit dem Alltagsbewusstsein stimmen alle über ein, es wird zur öffentlichen Meinung. Wer allerdings diese rituelle Ordnung verlassen will, die von Wenigen geschmiedet wurde, wird von der Öffentlichkeit als Bedrohung empfunden und gebrandmarkt.

Ein Beispiel aus dem Alltagserleben: Menschen sind von Arbeitslosigkeit bedroht, statt gemeinsam die Ursachen, der technische Fortschritt und die Macht der Konzerne, durch Widerstände zu begegnen, igeln sie sich getrennt ein, und erhöhen die Umzäunung um ihren Besitz. Durch dieses Verhalten können Unternehmer gut Ausgebildete in ihren Hochlohnsektor locken, und weniger gut Ausgebildete aus ihren Toren drängen. Zwei Gruppen stehen sich nun im Kampf um Arbeit mitleidlos gegenüber. Die Drohgebärden der Arbeitgeber erhöhen das Übertragungsgeschehen, und die Geängstigten ringen blind um ihre Förmchen.

In diesem Vorgang lebt ein Bewusstseinsmodus wieder auf, der der narzisstischen Stufe der Entwicklung zugerechnet werden kann. Besonders konflikthafte Familienbünde fördern individuelle Abwehrformen, indem angsterzeugende Inhalte vom Bewusstsein ferngehalten werden.

Die utilitaristische Praxis ist die fest verankerte Verfahrensstrategie des Alltagsbewusstseins. Das pragmatische Denken und Handeln macht sich wesentlich in den Lebensbereichen der Berufe und Kaufhausgänge bemerkbar. Die Menschen erleben die Welt nur in ihrer praktischen Benutzbarkeit. Das Manipulieren wird zum Endzweck. Sie geben auf, sie selbst zu sein, und übernehmen die Sorte Persönlichkeit, die sich in Form einer herumgereichten Schablone ihnen darbietet und aufgrund derer sie Eintritt in die Konsumgesellschaft haben.

Die mediale Welt des Fernsehens und der Zeitschriften sorgt hilfsbereit für eine Übereinstimmung in der Schablonenauswahl. Sie umgeht Themen, die das Wohl wichtiger Schichten gefährden könnte. Sie zementiert vorsorglich das öffentliche Bewusstsein, indem Ressentiments und kindliche Abwehr geweckt werden.

Ein zweites Beispiel: Subventionen des Staates für Unternehmer sind beliebt und wünschenswert, doch die sozialen Ausgaben für Hartz IV-Empfänger werden als Plünderung des Staatssäckels verurteilt. Gleich: Der Vater soll die Gaben verteilen, doch Schwächlinge sollen ihr Brot mit ihren Händen erarbeiten.

Die Arbeitsweise des Alltagsbewusstseins funktioniert unter den Bedingungen eingeschränkter Selbsterfahrung. Innerhalb des nur zugelassenen Denkens werden alternative Möglichkeiten verhindert. Die Ursachen der Arbeitslosigkeit werden radikal eingeebnet, aus dem Horizont herausgenommen. Denn wenn die Produktivität in einer Volkswirtschaft ständig steigt, dann muss die Arbeitszeit der Vollzeitbeschäftigten entsprechend gemindert werden. Das bedeutet, wenn zehn Prozent der Erwerbsbevölkerung ohne Arbeit oder gering beschäftigt ist, dann ist die Arbeitszeit der Übrigen zu hoch. Da nun viele Vollzeitbeschäftigte ihren Platz bedroht sehen, tritt eine konfliktabwehrende Funktion ein, die Arbeitslose als Sündenböcke aussucht. Der Nährboden für Feindbilder ist gelegt, und mit Zeitschriften und Fernsehauftritte versuchen herrschende Kreise den Boden gut zu düngen. Ihre Gärtner hantieren mit feinen Sieben schon in den Grundschulen. Kinder aus bildungsfernen Familien werden dort ungefördert der Hauptschule zugeführt, damit sie später nicht der Mittelschicht Positionen streitig machen. Jedes Hauptschulkind enthüllt die Machtverhältnisse in unserem Bildungssystem. Jeder Langzeitarbeitslose enthüllt das Versagen einer Gesellschaftsordnung. Wie entsteht diese Unbekümmertheit in weiten Teilen der Gesellschaft? Kein Wehlaut, kein Aufschrei in den Gazetten, nur heimliche Tränen oder Freude, wenn man sich auf Arbeitsmärkten trifft. Die einen auf dem FAZ-Stellen-Markt, die anderen in den Jobcentern der Arbeitsagenturen. Jobcenter sind die Geschwüre einer kranken Arbeitsmarktpolitik, eines Siechenhauses. Hier werden die früh Ausgesiebten in ausgetrocknete Flussbette abgedrängt.

Welche Regeln und Strategien benutzen die Menschen, um ein aktuelles Drama unbedeutend zu machen, es zu banalisieren? Die

Herstellung des Bewusstseins vollzieht sich in routinemäßigen Alltagssituationen, die sich durch ständige Wiederholung eingeübt und eingeschliffen bewährt hat. Der Einfluss der Erziehungsagenturen Familie und Schule lässt sich an den Einschränkungen des Horizonts gegenüber wichtigen sozialen Situationen ablesen, der über die Zulassung eines Themas entscheidet. Das Alltagsbewusstsein ist Resultat von Erziehung und Anpassung. Werden wir mit neuen sozialen Situationen konfrontiert, ist die Übertragung die gängige Form der Verarbeitung, die ihrerseits Auslösefunktion haben und auch Übertragungsangebote machen.

Vergangene bedrohliche Erfahrungen, die auch verdrängt wurden, gehören zu der Sammlung abwehrender Antworten, mit denen sich Menschen vor angsterzeugende Sachverhalte zu schützen suchen. Sie übertragen somit frühere Angstbewältigungsstrategien auf neue soziale Situationen. Das Bedrohlichste ist die Angst vor dem Verlust des Ansehens, die Niederlage des Selbstwertgefühls.

Weshalb schützen sich Arbeitsplatzbesitzer auf Kosten der machtlosen Arbeitslosen? Die Bedrohung hat die Oberaufsicht im Alltagsleben. Nicht mehr das Alltagsleben ist die entscheidende integrierende Kraft, sondern das vorgefertigte Bewusstsein, das die Bevölkerungsmassen von ihrem Alltag haben. Trotz der vieler Pisa-Studien, die kleine Diskussionen angefacht haben, werden Änderungen verschoben. Die Brut der Armen versammelt sich weiterhin nach einer Auslese in Hauptschulen, und der Nachwuchs der bürgerlichen Mitte in den Gymnasien. Das Vorgefertigte wird medial in das Alltagsbewusstsein transportiert, und löst dort Altes aus. Die Angst Statussymbole oder eine geerbte Position zu verlieren wird übermächtig.

Nun müssen andere Schauspieler auf die Bühne gebracht werden, um die Bedrohung zu lindern: Jobcenter in den Kommunen, Qualifizierungsmaßnahmen erweitern, und die Zahl der Aufstocker erhöhen. Harmonie wird dem gemeinen Publikum geboten. Keine Regung beim Anblick von Arbeitslosen, nur das Pochen auf den Lohn der eigenen Leistung, auch wenn sie vom Elternhaus perfekt vorbereitet wurde.

Obwohl ein großer Teil aller Erwerbstätigen vom Arbeitsplatzverlust bedroht ist, entsteht kein gemeinsames Handeln. Keine verbindende Übereinkunft, wie eine graue beängstigende Zukunft für viele abgewendet werden kann.

Jeder zieht sich auf seine private Parzelle zurück, bis auch diese bröckelt. Die öffentliche Meinung leistet hervorragende Arbeit. Unternehmen haben kein Interesse an Arbeitslose und Verängstigte, nur an gut und günstig ausgebildete Angepasste.

Die politische Debatte aber, sie dreht sich fast nie um die Ausgesonderten und ihre Probleme. Manchmal gibt es doch Verbesserungsvorschläge im Angebot. Mehr Druck auf Arbeitslose ausüben steht oben an. Viele Vorschläge zielen vor allem auf die Wählerstimmen der qualifizierten und motivierten Arbeitnehmer der Mittelschicht. Auch die Massenmedien steigen in diesen Reigen ein, indem sie die Mehrheit der beherrschten Individuen zur Identifizierung mit den Verhaltenserwartungen der herrschenden Gruppen zusammenbringen.

Die öffentlichen Erwartungen der herrschenden Minderheit sind somit von der beherrschten Mehrheit als ihre eigenen Erwartungen verinnerlicht worden. Produziert werden sie in den Umschlagsplätzen der Agenturen Familie, Milieu und Schule. Dort für immer eingelagert ins Alltagsbewusstsein.

Kommt es nun im Leben zur Bedrohung des Selbstgefühls tritt automatisch die verinnerlichte Abwehr ein, die Realität wird umgedeutet. Wichtig ist, dass es mir gut geht. Hier wird deutlich, dass die geschilderte Umdeutung sich nicht nur auf einzelne Beziehungen, sondern gleichermaßen auf Schichten und gesellschaftliche Verhältnisse überhaupt richten.

Dieser Prozess wird mit Fernsehdebatten gestärkt, denn wir sind der Rohstoff, den es zu formen gilt. Sie liefern dazu die Sze-

nen und die Figuren, und ich erkenne mich wieder. Das Fernseher-
leben stiftet mir Identität. Es hilft das Volk zu teilen in Leistungsträger und in hinderliche Arbeitslose, in Macher und Versager.
Dort soll ich mich finden.

Und zwischendurch die ewige Wiederholung der Werbung.
Denn eines ist klar, sie wirkt nicht nur auf unser Bewusstsein, sie
soll nicht Gedanken, sondern Kaufimpulse auslösen. Werbung
dringt in unsere Räume vor, soll unser Denken durch Impulse er-
setzen. Die Bilder sind schon längst nicht mehr auf den Bildschirmen, sondern schon in unseren Hirnen.

Fünftes Kapitel

Ausbildung zur Marktloyalität

Bildung ist etwas Gutes und sie steht hoch im Kurs beim Publikum. Wie Laborratten will man nun Schülerinnen und Schüler einen Stimulus geben. Selbst Kindergärten bekommen heute einen Bildungsauftrag. Wem es gelingt, sein Projekt mit einem Bildungsetikett zu versehen, der darf auf satte Gewinne hoffen. So geschieht es seit mehreren Jahren mit der so genannten ökonomischen Bildung in Schulen, denn da soll Saatgut eingebracht werden.

Den Gärtnern der Kapitalseite wird die Tür zur Umgestaltung des Schulbereichs von Politikern weit geöffnet, um auch diesen Bereich sowohl ideologisch als auch marktförmig zu ihren Gunsten umzugestalten. Junge Menschen müssen frühzeitig auf ein Konsumentenleben vorbereitet sein. Und wer dann später die freie Konsumgesellschaft etwa aufgrund von persönlicher Ungerechtigkeitserfahrung ablehnt, der braucht nur ein wenig mehr ökonomische Bildung, um das System wieder zu akzeptieren.

Die Ökonomie soll sich in immer mehr Lebensbereiche einnisten. Ein gewinnreicher Raum sind da die Köpfe der Schüler. Die Kampagne drittmittelgeschmierter Institute hat schon eindrucksvolle Erfolge verbuchen können: Wo früher Gemeinschaftskunde auf dem Stundenplan stand, da findet sich heute vielerorts "Wirtschaft und Politik". Das Wissen wird gerne von einigen Dax-Konzernen bereitgestellt. Die deutschen Arbeitgeberverbände der Metallindustrie und Versicherungswirtschaft stellen das Unterrichtsmaterial bereit. Sie haben das Humankapital als Produktionsfaktor entdeckt, und möchten es nun bei Schülern und Schülerinnen schon vernutzen. Die Chancen für einen Empfang mit offenen Armen in den Schulen stehen gut: Denn zur Rettung der Unternehmensgewinne von Versicherern und Banken hat sich der Staat hoch verschuldet. Für Lehrerbildung, geschweige denn für Lehrerstellen ist nun kein Geld mehr übrig. Wenn jetzt der schlaue Bankberater als Einflüsterer die Vorteile kapitalgedeckter Versicherungen gegenüber dem altmodischen Solidarsystem erklärt, so nennt sich das "bürgerschaftliches Engagement". Doch solche kostenfreien Angebote müssen wir hinterfragen, denn kein Unternehmen macht etwas umsonst. Zum Marketinggrundwissen gehört zudem, dass man zuerst ein Bedürfnis herstellen sollte, um sich später als Anbieter dafür zu präsentieren. Das ist auch der offen ausgesprochene Plan der Konsumwirtschaft. Aufgrund der ökonomischen Unbildung vieler Kunden verlaufen oft Verkaufsgespräche zunehmend schwierig. Am besten man setzt an der Wurzel des Übels an, um hier Abhilfe zu schaffen. Ökonomische Bildung in den Schulen ist ein Investitionskalkül für die Zukunft. Denn tatsächlich ist es um diese Ausbildung in Deutschland nicht besonders gut bestellt. Wir sind noch nicht alle gute und willige Konsumenten, wir müssen auch lernen schneller wegzuwerfen.

Schulen brauchen keine Einflüsterer. Schon gar nicht solche, die zuvor dafür gesorgt haben, dass der Staat den Schulen ihr Wirken beschnitten hat. Ökonomische Bildung ist in unserem Schulsystem nicht notwendig, jedoch benötigt es unabhängige Bildung. Nur sie fördert kritisches Denken und Handeln, um Entfremdung und Manipulationen zu verhindern. Andernfalls produziert sie willige Helfer für deutsche Wirtschaftsbosse.

Die deutsche Wirtschaftselite will erreichen, dass ihre Interessen im Bildungssystem Früchte tragen. Die Persönlichkeitsbildung und die Vermittlung von sozialen Werten werden einfach aus dem Lehrplan gestrichen. Menschen werden enteignet und unter systemkonforme wirtschaftliche Kontrolle gebracht. Dass ist eigentlich segensreich für die unternehmerische Kultur, denn dadurch gehen die ökonomischen Strategien der Betriebe nahtloser auf.

Mit den vorgetragenen Zielen steht den künftigen Konsumenten eine Abhängigkeit von Konsumneigungen, die von Machtkartellen gelenkt werden, gegenüber, die sich den individuellen Bedürfnissen völlig entziehen. Viele scheinbar individualistische Konsumwünsche erweisen sich bei näherem Hinsehen als Übernahme ökonomisch vorgefertigter Verhaltensschablonen. Gefragt ist der passende und flexible Konsument. Schablonen werden bei frühkindlichen Aneignungsverfahren einfach gereicht und übernommen. Da wächst kein soziales Band, sondern eher Neid. Manche setzen ja darauf, dass Solidarität wieder von innen entsteht. Früher ließ Not die Menschen näher zusammenrücken. Doch diese Hoffnung ist erkaltet. Bei einem abbröckelndem Wohlstandsniveau, stagnierenden Realeinkommen und steigender unsicherer Arbeitsverhältnisse werden die sozialen Verteilungskämpfe immer härter und schauriger, und jede Solidarisierung abgetötet.

Hohe Arbeitslosigkeit sichert zudem eine scharfe Konkurrenz auf dem Arbeitsmarkt und damit die Macht der Arbeitgeber bei Lohnverhandlungen. Steigende Sozialausgaben des Staates müssen allerdings an schrumpfende Einnahmen angepasst werden. Die Einnahmen leiden an der Schonung der Konzerne. Bewundernswert ist nun das harmonische Zusammenwirken der Medien. Sie dokumentieren die Notwendigkeit, um des nackten Überlebens des Sozialstaats willen ihn Schicht für Schicht abzutragen. Der aktivierende Sozialstaat müsse sich auf seine Kernaufgaben zurückziehen. Die Politik hat nicht die Kraft, die Situation durch Verhinderung des Lohndumpings zu verbessern. Stattdessen verbreitet sie über die Medien unsere Arbeitslosigkeit werde sich in den nächsten Jahren zurückziehen, da immer mehr Menschen Arbeit finden. Sie verhüllt jedoch, dass es fantasievolle Zahlen sind.

Doch Ursache hoher Arbeitslosigkeit sind reine Verteilungskonflikte um Arbeit, die durch Produktivitätssteigerungen immer weniger wird. Denn machtvolle gesellschaftliche Gruppen können sich unter modernen günstigen Bedingungen glänzende Positionen im Berufsleben sichern, und schwache Gruppen in die Leiharbeit oder ins Aus abdrängen. Den Ausgedrängten fehlt es nur an dem kulturellen Kapital, dass man ihnen schon frühzeitig vorenthalten hatte, damit die Mitte der Gesellschaft ihre bedrängte Position festigen kann. Von interessierter Seite wird dann die Überalterung der Gesellschaft ins Bewusstsein der Bevölkerung gerückt, um sie auf einen schlankeren Sozialstaat vorzubereiten.

Die Bevölkerung altert schon seit vielen 100 Jahren, eine Produktivitätssteigerung konnte das schon immer ausgleichen. Die Panikmache mit der Überalterung dient auch dazu, Versäumnisse der Politik im Bildungssystem zu verschleiern. Weshalb stärkt sie nicht die Zugangsvermögen schwacher Gruppen zum Bildungs- und Arbeitsmarkt? Vor wem knickt sie da ein? Allerdings muss bei einer Neuverteilung der Arbeit Kostenneutralität für die Arbeitgeber gewahrt sein, damit sie sich nicht durch höhere Rationalisierungen entlasten müssen. Auch in liberalen Denkfabriken und Wirtschaftsforschungsinstitute ist keinem Menschen entgangen, dass die entschwundene Industriearbeit nicht zurückzuholen ist, auch nicht durch Lohnverzicht.

Die notwendige Neuverteilung der Arbeit ist im Grunde eine veränderte Belohnung für Arbeit. Wie viel Belohnung will man den schwachen Bevölkerungsgruppen zuteilen? Auf wie viel Belohnung wollen die mächtigen Gruppen verzichten? Leider wird es keine Neuverteilung der Arbeit geben, denn umsichtig wird der Boden für die Durchsetzung neuer Privilegien bereitet. Erstaunlich viel konnte bereits auf den Weg gebracht werden, meist mit dem schlichten Hinweis: die Unternehmensgewinne seien in Gefahr. Im Fokus von Medien und Politik begleitet von der Wissenschaft steht nun ja derzeit die Bedrohung durch Faulenzer. Da bangen welche um ihren Wohlstand, nur die nicht, die nie einen hatten. Wird da eine neue Deutung eingeläutet? Fleißige Wirtschaftswissenschaftler fordern gar ein Renteneintrittsalter von 70 Jahren, und das bei steigender Jugendarbeitslosigkeit. Der entscheidende Inhalt ist jedoch eine Senkung der gesetzlichen Rentenansprüche und Milliardenzuflüsse in private Rentenversicherer. Die Menschen, die keine private Vorsorge leisten können, werden sich im Alter mit einer spärlichen Rente auf Sozialhilfeniveau begnügen müssen. So bleiben sie Ausgeschlossene bis zum Tod. Noch befindet sich Deutschland in einem vorliberalen Entwicklungsstadium, denn in England lebt bereits jedes vierte Kind in Armut und in unserem Land erst jedes sechste. Doch die Weichen sind offenbar politisch gestellt. Unvermeidbar wächst die Kälte zwischen denen, die immer mehr arbeiten wollen, und denen, die von der Arbeit ausgeschlossen sind. Was ist wohl von jungen Menschen, die nach 100 Absagen auf ihre Bewerbungen ihre Identität im sozialen Abseits bilden, an Verhalten zu erwarten. Dieser Orientierungswechsel vollzieht sich bei uns auf breiter Front und weithin im Verborgenen. Da es keinen freien Arbeitsmarkt geben kann, hat der Staat die Pflicht für gleiche Zugangsbedingungen zu sorgen. Doch der Sozialstaat handelt getrieben von mächtigen gesellschaftlichen Gruppen. Den Rest da unten, lässt man fallen bis ins Alterselend. Die Politik bereitet die Menschen gedanklich auf dieses Schicksal vor und kürzt schon mal die Renten mit kunstvollen Anpassungen.

Das Gespenst einer kalten Ökonomisierung unserer Gesellschaft fliegt in vielen Armutsdebatten ja ständig durch die Räume. Man vergisst dann schon mal den einfachen privaten Kapitalismus, die überfüllten Schatullen mancher Menschen. Die ungleiche Macht der gesellschaftlichen Gruppen sind die gesellschaftlichen Krisen, sie kann man nicht auf Marktmechanismen reduzieren.

Aber jetzt ist man sich einig darüber, dass Arbeitslosigkeit und Sozialhilfebedürftigkeit enorme Mittel verschlingen, die Resultate des Forderns aber bescheiden sind. Eine Umsteuerung der Bildungsziele in den Schulen für die Produktion von Selbstunternehmern wird nun ausgerufen. Es handelt sich um ein neues Konzept, damit Jugendliche ihr Leben unternehmerisch gestalten können. Man darf auch diesmal das bürgerliche Wahlvolk nicht verunsichern, das Profitsystem erhalten und schwache Gruppen mit kompensatorischen Mitteln beschwichtigen damit alles so gut bleiben kann wie es ist. Die populistischen Massenmedien sollte man dabei nicht unterschätzen. Und sie bedienen sich gegenseitig, die politische Klasse und die Massenmedien. Einigen steht der Angstschweiß jedoch auf der Stirn, wenn es darum geht, wie wir als Exportmeister und Umverteilungsgesellschaft künftig überleben sollen. Aber eben diese Angst angesichts der unabänderlichen Ausschließungsprozesse von großen Teilen der Bevölkerung hat auch die Mitte der Gesellschaft erfasst. Man merkt es an den kläglichen Aufrufen, den Ausgeschlossenen aufzuhelfen, sie wieder in unsere Arme zu nehmen. Manchmal wird auch von einer Kanzel seelsorgerisch Solidarität gefordert, oder mehr noch: eine solidarische Gesellschaft. Doch es bleiben Wörter ohne Taten, zu groß ist die Angst vor dem eigenen Brotverlust.

Ein Unternehmen ist eben keine soziale Einrichtung. Arbeitslose hat man in der Wirtschaft als wertlos abgeschrieben, da sie keine braven Konsumenten sein wollen. Die große Mehrheit der Feinbetuchten, Gewerkschaftsbosse und Politiker haben sich zusammengefunden und debattieren feinzüngig über die Ausgeschlossenen, statt ihnen wirklich aufzuhelfen. Der eigene Konsumstil ist mehr und mehr zum verinnerlichten und dominanten kulturellen Kapital der politischen Klasse geworden. Diese erbärmlichen Verhältnisse werden von Gutpositionierten als wertvoll dargestellt, von der Masse als selbstverständlich-naturhaft hingenommen. Wer hat die Gehirnfunktionen der zukünftigen Beschäftigten so nachhaltig verändert, dass sie die Verantwortung für ein eventuelles Scheitern im Berufsleben allein sich selbst zuschreiben?

Die leisen Boten haben gute Arbeit geleistet.

Sechstes Kapitel

Die neoliberalen Kolonialherren

Der breiten Masse ist von einer kleinen gesellschaftlichen Gruppe mitgeteilt worden, dass es in ihrem eigenen wohlverstandenen Interesse liegt, Reichtum bei anderen zu akzeptieren und als Leitbild für sich selbst anzunehmen. Schutz und Förderung des Wohlbefindens der Reichen übernimmt der Staat. Ihm ist es gelungen den wahren Umfang der Konzentration des Reichtums zu verhüllen, andererseits ihn aber zur Richtschnur für viele werden zu lassen. Der Machtaspekt des Reichtums wird vor der Masse sorgfältig verschleiert. Sie wird auf Nebenbühnen gelenkt: auf die Angst, das ersparte Kleinvermögen zu verlieren oder von einer Sprosse der Aufstiegsleiter abzurutschen. Es ist gelungen: die Aufstiegshoffnung besetzt den Reichtum positiv.

Die Übersatten fordern ganz zutreffend, dass jeder schließlich nur das erhalte, was ihm auch wirklich zustehe. Armut fügt sich in dieses Bild recht gut, weil es als Unterschichtphänomen die Zufriedenheit der Vornehmen noch mehrt. Hartz IV-Empfang und Armut wird zu einem Distinktionsmittel, zu einer vorzüglichen Möglichkeit zur Abgrenzung nach unten. Die wichtigere Möglichkeit besteht jedoch darin, die Angst zu beschwichtigen, wenn der eigene Aufstieg nach oben beschwerlich oder versperrt ist. Das öffentliche Bewusstsein integriert nun die Menschen erfolgreich, und es garantiert die gesellschaftliche Ruhe und Behaglichkeit.

Wenn ein Niedrigentlohnter und ein hoher Beamter sich am gleichen Fernsehprogramm vergnügen, wenn sie nach den gleichen Schnäppchen jagen, dann deutet das nicht auf das Verschwinden der Schichten hin, sondern auf das Ausmaß, wie die unterworfenen Arbeiter in den genormten Konsum gelockt werden, der für die Erhaltung des Schweigens dient. Im oberen Bereich werden für Widerständler Spitzenpositionen bereitgestellt, um sie Stillzustellen. Eine klare Trennung zwischen Oben, Mitte und Unten kann auf Grund wieder festerer Grenzen einfacher ermittelt werden. Man geht auf die KÖ oder nach KiK; man fährt mit der Straßenbahn oder nimmt schnell den Dienstwagen.

Diese Gesellschaft ist wie ein südliches Meer, unten schlängeln sich kranke Fische durch den Müll und oben schaukeln feine Yachten im seichten Wind. Die Flüsse der Medien transportieren alles in unser öffentliches Bewusstsein. Es formt sich zu einer Nebelbank, die langsam durch die Hirne zieht. Arbeitslosigkeit und Unterbeschäftigung der ärmeren Schichten sind nun auf Umstände zurückzuführen, die diese Schichtmitglieder selbst verschuldet haben. Das ist die Botschaft der Vornehmen an die Verlierer. Die Botschafter sitzen alltäglich vor Kameras auf allen Kanälen. Zwischendurch dürre Statistiken aus der Kulisse. Viele Millionen Menschen stehen vor den Toren der Armut. Die deutsche Hochleistungsökonomie ist im Export Weltmeister geblieben. Konzerne stellen fest, dass ein Drittel ihrer Beschäftigten überzählig sind. Die schrillen Töne bedeuten nur, dass die Orte des Miteinanders schrumpfen. Die einen sichern ihr Anwesen mit Überwachungskameras, die anderen schlurfen gebeugt zur Tafel. Womit kann man den Beschäftigungsverlust eines hoch entwickelten Standorts kompensieren? Mit Nagelstudios, Altenpfleger oder als Hofkehrer in Reinigungsdiensten wohl kaum. Die brutale Freisetzung von Arbeit wird jede Illusion zerstören. Und doch schallt es über die Plätze: Ihr Ungebildeten tragt selbst die Schuld für eure Lage!

Jedes unbenebelte Hirn weiß, dass der technische Fortschritt Arbeit freisetzt. Sollen die unglücklichen Überflüssigen sich im unteren Teil der Gesellschaft versammeln? Der einzige Weg aus diesen gewollten Ausgrenzungsprozessen ist die Verkürzung der Arbeitszeit auf 30 Stunden pro Woche ohne Lohnausgleich. Allein schon die Erwartung auf einen interessanten Arbeitsplatz würde die Jugendlichen gewaltig anspornen sich zu bilden. Nicht die Schule rationalisieren, sondern erhoffte Lebensziele ermöglichen feuert das Lernen an. Die Botschafter rufen allerdings weiterhin: Leistung muss sich lohnen und nicht ihr, sondern wir sind die bürgerliche Mitte der Gesellschaft. Damit möchten sie ihre Wiederwahl auch von den Hochqualifizierten und Gutbelohnten absichern. Andere Argumente kriechen bei einer Wirtschaftskrise auch wieder aus den Schubläden: Arbeitslosigkeit ist nur durch wirtschaftliches Wachstum zu verhindern, und das bei gleichzeitiger Absenkung überhöhter Lohnforderungen. Doch diese dümmliche Argumentation wird in vielen Ländern vorgetragen. Sie schickt die einfachen Löhne zur Wendeltreppe nach unten, und mit ihnen die Kaufkraft einfacher Schichten. Eine Exportnation erkauft ihre Weltmeisterschaft mit Armut im eigenen Land. Doch Konzerne mit Exportschlagern jubeln, denn ihre Aktionäre können mit reichlicher Dividende rechnen. Vor anstehenden Tarifauseinandersetzungen sind dann die Bühnen frei für Szenen aus Werksschließungen und Niedergand der Wirtschaft.

Gibt es Möglichkeiten zur Neugestaltung der Erwerbsarbeit durch eine umverteilende allgemeine Arbeitszeitverkürzung? Nein, die obere Hälfte der Gesellschaft wird es nicht zulassen. Weniger Lohn für den steinigen Weg nach oben, niemals. Meine Position teilen mit anderen, undenkbar. Das Kapital, das meine Eltern in mich investiert haben, würde ja verblühen.

Schleicht sich da irgendwann etwas auf die Bühne und schreit: Faule Ausländer raus!

Bleibt eine weit reichende Arbeitsumverteilung Utopie? Solange die Gutbelohnten den Unteren sagen, wir sind wertvoller und uns steht dafür ein höherer Lohn zu, wird es an den Rändern immer ungemütlicher. Wenn wir nach der Rolle der Angst und Furcht bei der Entstehung politischer Haltungen bei wertvollen Menschen fragen, so sind wir weitgehend auf Untersuchungen angewiesen, die das Politische nicht zum zentralen Gegenstand haben. Drohender Prestigeverlust und Unterlegenheitsgefühle besitzen den Vorrang vor allen besorgniserregenden Faktoren bei den Begüterten.

Deshalb ist es auch nicht verwunderlich, wenn hier Strategien entwickelt werden, die Sicherheit versprechen. Offensichtlich zeigen sich hier deutliche Prägungen der Erziehung in Familie und Schule. Eine Strategie ist die Zuweisung der Nachkommen zu den schichteigenen Schulformen mithilfe der Ideologie der „Begabung", auch begabtengerechte Auslese genannt. Die bürgerliche Mitte sichert so ihre Stellung in der Gesellschaft ab, und die Benachteiligten dürfen ein Handwerk erlernen. Die Betrogenen fallen somit für die „Begabten" als Konkurrenten aus.

Vor diesem Hintergrund analysiert, "funktioniert" Schule hierzulande im Sinne des Systemerhalts bestens, denn die Abgedrängten und Betrogenen schreiben sich ihre schulischen Misserfolge selber zu. Unterstützt durch ein Zeugnissystem, mit dem über Anpassungswillen gerichtet wird, damit konformes Verhalten erreicht werden kann. Hier wird Schlummerndes einfach abgemäht und eingeebnet.

Das entscheidende "Einfallstor" für den Erhalt des herrschenden Bildungssystems, dessen Wandlung allein die existierende Schichtstruktur noch nicht überwände, stellt die Begabungsideologie dar. Für Vordenker und Weltbildproduzenten ein feines Werkzeug, um früh Ausgesonderte als leistungsunfähige Wesen zu kennzeichnen. Diese Typisierung ist zwingend für die Machtverhältnisse in unserer Gesellschaft. Haben nicht die meisten Menschen schon ein heimliches Bündnis mit den neoliberalen Vordenkern eingegangen, in dem sie Verteilungsgerechtigkeit aus ihrem Denken verbannt haben?

Siebentes Kapitel

Die Symbole der verborgenen Macht

Viele soziale Mechanismen sind nur deshalb so wirksam, weil sie völlig verkannt und unterschätzt werden. Ein wundersamer Fall ist zum Beispiel das Gewaltverhältnis, mit dem Kinder aus ökonomisch und kulturell stark benachteiligten Familien in Hauptschulen abgedrängt werden. Gerade diese Familien, die Opfer der sozialen und wirtschaftlichen Ungleichheit auch im Schulsystem sind, glauben am kräftigsten daran, dass Begabung und Tüchtigkeit die einzig ausschlaggebenden Faktoren für den Schulerfolg sind.

Man hat es ihnen immer wieder eingehämmert: Ihr Kind ist unbegabt. Hier findet die kulturelle Enteignung statt. Sollten die Eltern und ihre Kinder etwas darüber wissen, wie die verborgenen ökonomischen Zugangsregeln für höhere Schulen funktionieren?

Man könnte sagen, dass die am brutalsten vernachlässigten Gruppen keine andere Chance haben, als ihr Schicksal den politischen Parteien zu überlassen. Das bedeutet aber, dass die Politik, die nur bestimmte Lieder singen darf, beim Schulsystem in einer Zwickmühle ist. Welche Bilder werden dadurch den Heranwachsenden in den verschiedenen Schulen vermittelt? Wer hat die Aufsicht über die Vermittlung? Nicht die angepassten Lehrer und unbekümmerten Eltern, nein, selbstverständlich die Kapitalbesitzer.

Da werden bestimmte Mengen von Wissen angehäuft, um Jugendliche in erbitterte Konkurrenz gegeneinander zu treiben. Die anschließende Auslese gestaltet den Drill noch effizienter. Die Nützlichkeit steht wohl im Vordergrund, nicht die Entwicklung einer Persönlichkeit. Fügsame Arbeiter und Angesellte sollen produziert werden. Der Nachwuchs für hohe Aufgaben in Konzernleitungen und in der Hochfinanz geht auf Privatschulen. Das staatliche Bildungssystem muss auch Arbeiter herstellen, die bereit sind, trotz schulischer Abschlüsse auf hohe Löhne zu verzichten.

Der Bildungsmarkt und der Arbeitsmarkt haben verschiedene Strukturen und bilden doch eine Harmonie. Der Wert von Schulabschlüssen sinkt ständig, weil sie auf dem Arbeitsmarkt in einer ungeheuer großen Zahl angeboten werden. Diese Entwicklung zahlt sich für Inhaber von internationalen Zertifikaten besonders gut aus, da sie durch gute Beziehungen und Empfehlungen, auch soziales Kapital genannt, nicht in einer so schauderhaften Lage sind. Soziales Kapital ist nun mal die heimliche Voraussetzung, um Abschlüsse in gutes Einkommen umsetzen zu können.

Die Abwertung von Bildungsabschlüssen ist sehr ungleich, und hängt davon ab, wie groß die Stärke der sozialen Gruppe ist, die ihre Stellung in der Gesellschaft nur auf diese Titel stützen.

Schulische Abschlüsse sind eben eine interessante Kultur, denn sie stellen eine besondere Form von Kapital dar. Sie sind das Endprodukt einer Investition, die sich auszahlen soll. Und diejenigen, die diese Scheine in ihren Händen halten, verteidigen ihr Kapital und Profite mit aller Macht. Sie kämpfen auch für diejenigen Einrichtungen, die ihnen dieses kulturelle Kapital garantieren.

Nun ist verständlich, weshalb es die hartnäckigen Verteidiger des jetzigen Bildungssystems gibt. Alle diese individuellen Kämpfe, die durch drohende Arbeitslosigkeit immer roher werden, summieren sich zur Zementierung einer jeden sozialen Schicht.

Das bedeutet, dass in unserer Gesellschaft diejenigen, die diesen Kampf um kulturelles Kapital verlieren, von der Kultur ausgeschlossen sind, auch in ihrer Würde tief getroffen sind. Diejenigen wiederum, die die Kultur in ihrem Besitz wähnen, sollen nicht merken, dass sie auf Verlierer herab blicken. Das kulturelle Kapital ist organisiert und trägt zur Kennzeichnung von Menschen bei, wie bei feinem Tuch oder dem Häuschen, an denen wir sofort erkennen sollen, auf welcher Sprosse der sozialen Leiter sein Besitzer kauert. Der Umstand, dass diese Erscheinungen auch bei sinnlichen Äußerungen von lieben Menschen vorkommen, erweckt den Eindruck, als sei kulturelles Kapital die natürlichste Form des Eigentums. Wir erkennen nicht sofort das Machtgefüge hinter der Bühne, mit dessen Hilfe sich Menschen mit kulturellem Kapital bekleiden. Es gibt drei große Schichträume, wo sich die Angekleideten aufhalten. Einmal der einfache untere Raum, der in gewisser Weise die Abstellkammer für Ausgesonderte ist, wo sich die Wertlosen aufhalten. Der mittlere Raum, wo die Bessergestellten sich wärmen und ängstlich nach unten blicken. Und ein völlig abgesonderte obere Raum, in dem sich die herrschende Klasse aufhält. Anders wie in geographischen Räumen, sind hier die gesellschaftlichen Räume durch fortwährende unerbittliche Kämpfe in Bewegung. Jedoch wer oben beheimatet ist, dürfte wohl kaum jemanden von unten hereinlassen. Eine Verbindung der Schichträume von oben nach unten übernimmt das öffentliche Bewusstsein, indem ein bestimmtes Gesellschaftsbild mit den Medien nach unten transportiert wird. Der Transport des Bildes vom Arbeitsmarkt ist eine Glanzleistung. Die herrschenden Schichten geben vor, wie der deutsche Arbeitsmarkt zu funktionieren hat, ohne Mitbestimmung Millionen wehrloser Erwerbstätiger. Sie geben vor, wie ein Bildungssystem zu funktionieren hat, damit ihr Nachwuchs durch feine Auslese die schichteigene Position zugewiesen bekommt. Die Hoffnung vieler Jugendlicher auf gesellschaftlichen Aufstieg durch mehr Bildung wird hier ausgehebelt. Auch die vielen Hauptschulabgänger, sie alle sind der Willkür der Habenden ausgesetzt. Der ungleiche Schulerfolg von Kindern aus verschiedenen sozialen Schichten spiegelt die Verteilung des Kapitals zwischen den Schichten wieder. Auch der Profit, der aus den Erfolgen erlangt wird, ist der Ertrag der schulischen Investition. Die landläufige Betrachtungsweise oder das Alltagsbewusstsein ordnet den schulischen Erfolg jedoch als natürliche Fähigkeiten ein. Es wird eifrig die Tatsache übersehen, dass Fähigkeiten und Begabung das Produkt einer ausgeklügelten Bildungsinvestition ist. So wird in feinen Familien ökonomisches Kapital im Schulsystem in kulturelles Kapital umgewandelt, um dann die erworbenen Abschlüsse und Titel zur Verfestigung und Absicherung der Schichtteilhabe zu nutzen.

Familien die kein kulturelles und ökonomisches Kapital besitzen, können allerdings keine Bildungsinvestitionen in ihre Kinder vornehmen, und müssen sich somit mit ihrem Nachwuchs einen Platz im unteren Schichtraum aussuchen, in dem Menschen ohne Abschlüsse und Titel abgestellt werden.

Es dürfen auf keinen Fall alle Menschen über Besitztum und kulturelle Mittel verfügen. Denn die ungleiche Verteilung von beiden Mitteln bildet insbesondere die Grundlage für die Wirkungen von Kapital, nämlich die Aneignung von Profiten und die Macht gesellschaftliche Spielregelungen durchzusetzen. Übrigens ist eine Bildungsinvestition, die in begüterten Familien stattfindet, die vollkommen verschleierte Vererbung von Kapital. Die Erben formen es um in Geld, kaufen dafür Maschinen und Fabrikhallen, darin dann Hauptschulabgänger arbeiten dürfen. Die Klassengesellschaft lebt, und reproduziert sich im unseren Schulsystem. Hier eine geschlossene Klasse der Produktionsmittelbesitzer, deren Interessen gebündelt sind, und dort die Klasse derer, die keine Mittel besitzen, also nur Konsumenten und Arbeitnehmer sein sollen.

Man denkt sofort an die materiellen und seelischen Leiden all der Arbeitslosen, all der Hartz IV-Empfänger, all der Leiharbeiter. Doch wird wenig über schlimmere Leiden gesprochen, die etwa von den mit dem Schulsystem zusammenhängenden Enttäuschungen hervorgerufen werden. Sei es, dass man von der Schule nicht die Titel erhalten hat, welche die Eltern erwarteten, sei es, dass man am Arbeitsmarkt nicht das erreichte, was die von der Schule vergebenen Titel versprochen hatten.

Diejenigen, die Arbeitslose verurteilen, müssten mit der gleichen Schärfe die Bedingungen verurteilen, wodurch Arbeitslosigkeit entsteht.

Die Aufhebung des Wettbewerbs und Vermachtung der Märkte ist durch den Zusammenbau von Mammutkonzernen entstanden. Kleine Konkurrenten sind unterlegen, aber nicht nur deshalb, weil es viele Produkte gibt, die nur in großen Serien rentabel hergestellt werden können, sondern weil große Konzerne über mehr finanzielle Manövriermasse, über ausgeklügelte Vertriebswege und ausgedehnte Werbemöglichkeiten verfügen. Die Konzentration in der deutschen Wirtschaft zerstört den Wettbewerb. Zehntausende von Zulieferern müssen sich der Machtstellung der Großkonzerne beugen. Die kleinen fügen sich den großen, sonst sind sie zum Ruin verurteilt. Diese Machtballung nennt man allerdings euphemistisch Firmenkooperation. Wie viel Millionen Arbeitnehmer darunter leiden, wird ausgeblendet. Denn die Löhne werden langsam aber sicher nach unten geschraubt, und der Staat stockt ja auf, damit es ruhig bleibt im Lande. Niedrigentlohnte die aus Not in diesen Gewaltverhältnissen arbeiten müssen, beugen sich den Arbeitgebern. In einigen Jahren werden Unternehmer Arbeitslose ohne Entlohnung beschäftigen, da der Staat mit Alg. II die Kosten übernimmt. Diejenigen aber, die jedoch nur eine Beschäftigung suchen um einen satten Gewinn aus ihrer Bildungsinvestition zu erzielen, sind in einem höheren Schichtraum anzutreffen und bei den Arbeitgebern hoch angesehen. Es ist die totale Verwahrlosung der menschlichen Beziehungen im wirtschaftlichen Raum.

Die Funktionsweise des Arbeitsmarktes beruht daher auf der Existenz zweier entgegengesetzter Motive zur Teilhabe am Marktprozess. Der Motor der Wirtschaft ist Hunger und Gewinn. Es streben also Menschen auf den Arbeitsmarkt, die das Nötigste kaufen müssen oder auf Zugewinn hoffen. Die einen müssen sich einem kargen Lohn beugen, die anderen handeln Sonderverträge mit ihrem neuen Arbeitgeber aus.

Das etablierte Wissen, die öffentliche Meinung bestimmt nicht nur was als richtig gedacht, sondern auch was konsumiert werden darf. Die gesellschaftliche Ausgrenzung der Arbeitslosen und die Verherrlichung der Leistungsträger und Fleißigen bilden nicht nur den Mörtel für die Arbeitsagenturen, sondern auch den Zement zu der Kontrolle über die Berufstätigen. Deshalb ist die Ausgrenzung nicht dadurch gesellschaftlich erfolgreich, dass sie möglichenfalls die Eingliederung der Arbeitslosen erreicht, sondern dadurch, dass sie bewusst Wertlose schafft – nämlich eine gesonderte Schicht von Menschen, deren Unwürdigkeit den Leistungsträgern als eine für sie nicht wünschenswerte Alternative ständig erneut vor Augen geführt werden kann. Wer möchte schon zu dem Abfall unseres Arbeitsmarktes gehören, der von Leistungswilligen mitproduziert wird. Und dann der Stolz, der beim täglichen Anblick Arbeitsloser in mir schwillt, da ich mich zu den wertvollen Konsumenten zählen darf. Es gibt keine Lücken mehr, in die wir uns vor diesen Auswirkungen zurückziehen könnten. Das hergestellte öffentliche Bewusstsein, das alle beherrscht, hat mit medialer Macht alle menschlichen Beziehungen erreicht, ist allgegenwärtig und bis in unsere Nervenbahnen eingedrungen.

Achtes Kapitel

Wie Kritik langsam verdorrt

Das stählerne Gehäuse, das Menschen umsperrt, gräbt tiefe Spuren in ihre Persönlichkeit. Die fein durchdachte und unversöhnliche Ansammlung von Einkommen, Besitz, Wissen, Ansehen und Macht erzeugt bei vielen feindliche Hochmütigkeit oder Unterwürfigkeit und Ohnmacht. Das Einkommen oder das füllige Haben der Anderen wird als bedrohlich für die eigene Existenz empfunden. So sitzen die Menschen isoliert in ihren großen und kleinen privaten Winkeln, und spähen verstohlen in die unverhangenen Fenster der Anderen. Große Kinderzimmer eingesät mit Spielsachen aus künstlichem Stoff bereiten schon früh auf dieses eingekapselte Leben vor. Familien reichen ihren Ort in der Gesellschaft, ihr Konsumverhalten und ihren Habitus, an ihre Kinder weiter. Welche Erbschaft der Eltern erwächst und erschlägt dort? Ärmliche Lebensorte schleifen und prägen andere Konsumstile und Einstellungen in die Persönlichkeit, als die Orte und Berufe, die für Bürger der Mittel- und Oberschicht vorgesehen sind. So sind Auswirkungen der Arbeitsbedingungen oder gar Arbeitslosigkeit auf den Lebensstil und das Erziehungsverhalten der Erwachsenen unumgänglich. Kinder werden somit auf die Deutungen und Konsumstile vorbereitet, denen ihre Eltern anhängen. Das konkrete Erziehungshandeln der Eltern, also die Art der Problemlösung in Konfliktfällen und das Ausmaß von Bestrafung und Belohnung, wird indirekt durch das berufliche Konkurrenzverhalten schädigend beeinflusst. Zeitarbeitende Eltern geben andere Lebenseindrücke an ihre Kinder weiter, als ein Elternpaar mit einer hoffnungsvollen Beamtenlaufbahn. Erstere vermitteln Angst vor sozialen Abstiegen und Resignation; letztere Hoffnung, Aufstiegsgewissheit und ein sorgloses komfortables Leben.

Weil Menschen so vieles an ihren Lebensvorgängen alltäglich hinnehmen, reproduzieren sie ihr Gelände unbewusst. Die Stimmungslagen, in denen sich das Erwerbsleben der Mütter und Väter widerspiegelt, bringen sie in die familiäre Situation so ein, dass sie in den spontanen Reaktionen auf das Verhalten der Kinder weitergegeben werden. An der Privatsphäre der Familien rütteln und zerren geringer Lohn und Frustration, oder auch hochwertiger Konsum. Konsumieren wirkt da erlösend und dazu gehörend. Der Ort und Ausmaß des Kaufens entscheidet darüber, ob Bürger sich dem Milieu, das sie atmend umgibt, auch wirklich zurechnen darf. Das Niveau des Kaufens wird gesellschaftlich vorgegeben, ist sozial erwünscht. Jemand der nicht mithalten kann oder nicht mithalten will wird isoliert und mit Häme übergossen. Doch im Sinne der Abwehr sozialer Angst, muss Isolierung vermieden werden, dass lernen wir schon in den ersten Lebensjahren. So werden zwischenmenschliche Beziehungen bestimmt durch Besitz, unterschiedliche Konsumgüter und Angstgefühle.

Die neuen Tagelöhner und Leiharbeiter der verlierenden Sozialschicht wissen, das Güter und Lebenschancen in der Gesellschaft ungleich verteilt sind, dass sie von den Vorrechten der begüterten Leute ausgeschlossen sein sollen. Vereinzelt gelingt ein individueller Aufstieg, doch sonst begnügt man sich resignierend mit dem Festklammern am Kleinbesitz, an Balkonpflanzen oder am Dauerfernsehen. Viele sind ihrer Misere nicht gewachsen, da sie dazu verurteilt sind, dass, was wirtschaftliche Macht bei ihnen angerichtet hat, als eigenes Versagen zu interpretieren.

Die Frage, wie sich die beschriebenen Bedingungen, unter denen Familien leben, durch Veränderungen in Psyche und Gehirn der von ihr Sozialisierten niederschlagen, haben sich bisher nur Sozialwissenschaftler und Neurobiologen gestellt, nicht aber alle Bürger. Der Zwang willige Konsumenten zu sein, zwingt Familienmitglieder dazu, Konflikte zu verschleiern oder sie in ständig verzerrter Art auszutragen. Deshalb sind viele Menschen zu einem isolierten Leben verdammt. Das System der Arbeitswelt stellt sie zu konkurrierende Wesen her. Die Geburtenzahlen malen ein deutliches Bild. Die Angst, nicht mehr kaufen zu können, den Rang zu verlieren, durchdringt das Alltagsleben, und macht zum Feinde. Sie verleiht allen Beziehungen einen ambivalenten Charakter, sodass sich Menschen misstrauisch und unversöhnlich begegnen. Trennungsängste und die mit ihnen verknüpften Schwierigkeiten, die aus frühkindlichen Erfahrungen resultieren, sind typisch für psychische Verläufe die im Berufsleben reaktiviert werden.

Wirtschaft und Gesellschaft weist besonders der Familie die Aufgabe zu, in der primären Erziehung Arbeitswillige für die Unternehmen herzustellen, die später günstig verwertet werden können. Solange jedoch die Ökonomie den Menschen ihren Weg vorgibt, wodurch jede knospende Solidarität zerstört wird, werden sie nicht los, was sie in der Kindheit traumatisch erfahren haben.

Die Erwachsenen bleiben vor allem deshalb unbewusst an frühe Rivalitäten und an die mit ihnen verknüpften Problematiken fixiert, weil die Arbeitswelt sie ständig in Situationen hineinzwingt, die sie als bedrohlich empfinden. Diese psychischen Strukturen sollten aufgebrochen werden. Ist die Furcht in den Seelen das treibende Moment unseres wirtschaftlichen Handelns, oder das Kalkül sich zu bereichern? Die Angst ist vermittelt, wer sich nicht an die ökonomischen Regeln hält, wird heutzutage nicht verhungern, aber am Horizont zeichnet sich Deklassierung und Demütigung ab. Die Furcht vor dem Ausschluss, und die gesellschaftliche Erwartung des Konsumierens haben sich bereits in unseren Gehirnen neue Wege gebahnt. Denn bei nicht befolgen droht der soziale Tod. Die Erfahrungen die das Kind in der Familie erlebt, hinterlassen Spuren in den neuronalen Netzen und werden später durch verwandte Belastungen unbewusst reaktiviert. Die Zerrissenheit im Menschen, die daraus entspringt, dass er ein Teil der Konkurrenzgesellschaft sein will und zugleich gegen sie kämpfen muss, ist nur zu lindern, wenn die psychischen Belastungen, die die Gesellschaft ihm, oder die er sich selbst auferlegt, verringert werden.

Gerade die Kleinfamilie, mit ihrem Versuch zum privaten Glück und Drang zum Aufwärtsstreben, sozialisiert individualistische Interessen, die Furcht und psychische Belastungen fördern. Eine Persönlichkeit ist am gedeihen, in der Angst und Anerkennungswünsche Zuhause sind, in der früh solidarisches Handeln zugeschüttet wird.

Neben der Steuerung der Massenmedien sind Menschen vielfach zusätzlich einem permanenten Konsumappell ausgesetzt, der gezielt seinen Anerkennungswünschen entgegenkommt. Dabei ist die organisierte Vorbereitung des Konsums durch die Vorarbeiten der Bewusstseinsindustrie, eine notwendige Rationalisierungsmaßnahme der Unternehmen. Denn die Massenproduktion zwingt sie dazu, den Konsum durch gezielte aufdringliche Werbung langfristig im Verbraucher anzuregen. Auch der Staat drängt zu höheren Konsumausgaben, beschließt Ankurbelungsmaßnahmen, jedoch geht es ihm um Mehreinnahmen aus der Massensteuer für seine Beamtengehälter und -pensionen. Die Menschen müssen lernen zu konsumieren, zu konsumieren wann das System es will und wie viel das System will.

Zugleich verspricht der Kauf von Waren seinem Käufer aber über den Gebrauchswert hinaus auch etwas Schönes und Traumhaftes: Sicherheit und Mitgliedschaft, Bedeutung und Anerkennung. In Warenhäuser sind Menschen vor Regalen zu beobachten, die dort träumend ihr Inneres zu finden glauben. Für alle ist etwas dabei, Fernsehgeräte mit Flachbildschirm, für die saubere Hausfrau ein neues Waschmittel und für Jugendliche ein Handy. An Samstagen fahren viele gutgelaunt nach Ikea, und andere zum Autohaus. Alles umgarnt von Missgunst und Konkurrenz, um Statusverluste und soziale Abstiege abzuwenden. Gleichzeitig erhöhen sich die Müllberge, da vieles ihr anfänglich Verheißendes nach kurzer Zeit verloren hat.

Früher wanderten Menschen an Wochenenden von ihren Kindern jauchzend umringt durch duftende farbenfrohe Wälder; heute wandeln sie mit ihrem Nachwuchs hungrig durch Baumärkte und Konsumhallen.

Beleuchten wir einmal die primäre Sozialisation. Die Einigungssituation in der Mutter-Kind-Zweisamkeit ist der Anfangspunkt eines lebenslangen Geflechts. Hier liegt der Kernpunkt der Vergesellschaftung. Keine Reaktion der Mutter auf das Kind ist außergesellschaftlich. Wenn sie als Subjekt erkannt wird, so ist ihre Subjektivität immer schon als gesellschaftlich hergestellt zu denken. Die Lebenslage der Mutter ist ebenso hergestellt und befindet sich in einer realen gesellschaftlichen Schicht. So werden die ersten eingerichteten Gehirnstrukturen beim Kinde kleine Geflechte der künftigen Konsumgesellschaft. Welche Einflüsse hat die Erwerbstätigkeit der Frauen und die allein erziehenden Mütter auf die Sozialisation der Kinder? Die Familie ist immer weniger ein Hort der Verbundenheit, und es tragen nun beide Elternteile ihre Arbeitswelt ins Private. Immer weiterer Lebensbereiche werden nach den profitorientierten Erfordernissen der Großkonzerne umgebaut. Die Erwachsenen in der Familie sind ein feines Transportmittel. Da schwappt die Konsumentenwelt bis ins Kinderzimmer.

Keimt da ein Mangel an Gemeinschaft und Selbstwert, dass später mit überhöhten Konsumwünschen ausgeglichen werden muss? Sollen hierfür der eigene Beruf und der Lohn zur Aufwertung des Selbst, mit der Anerkennung durch andere, beitragen? Setzen wir uns nun alle in die Regale und lächeln? Und auch Manager und Politiker, mit ihren überhöhten Arbeitseifer sind den frühen Erwartungsmustern weitgehend verhaftet. Der Anspruch auf Herrschaft, auf Allmacht und verschleierte Kontrolle über andere dient unmittelbar der Erhaltung und Stabilisierung des früh verletzten Selbstwertes. Die Anderen sind die Spiegel, die mir sagen wer ich bin.

Sollten wir lernen, Herrschaftsstrukturen und Verteilungskonflikte um Arbeit als Ursache von Lebensbeschädigungen zu erkennen? Denn subjektive Strukturen wachsen im Verborgenen. Die Zurichtung der Menschen schlägt sich nicht einfach als Übernahme und Verinnerlichung vorgefundener Werte und Orientierungsmuster nieder. Psychische Struktur entsteht auch durch Freude, Versagung und wirtschaftlich vermittelte Angst. Absturzgefahren, Täuschungsmanöver oder Resignation überspielen neuronale Netzwerke. Sozial erwartetes Verhalten ist dann bereits dem Inneren aufgezwungen, ist ein unbewusster Vorgang. Kurzfristig angebotene Sinndeutungen werden hastig entgegen genommen.

Arbeit gebe den Menschen das Gefühl der Anerkennung und Bedeutung, sie allein könne Zugang zur gesellschaftlichen wie persönlichen Identität öffnen. Diese Deutung ruft uns zu, dass Lohn und Konsum eine Investition für die eigene Mitgliedschaft in der Gesellschaft ist. Nicht Sehnsüchte und Bedürfnisse sollen befriedigt werden, sondern die Marktfähigkeit des Konsumenten muss hergestellt werden. Konsum ist eine Investition in alles, was für den sozialen Wert des Menschen von Bedeutung ist. Die Unmöglichkeit, das Erwartete zu erfüllen, oder den protzenden Aufrufen der Besitzenden nicht umgehend zu folgen, mündet in ein Gefühl, unzulänglich und minderwertig zu sein. Diese feine mittige Überzeugung treibt alle dazu an, sich mit allen anderen im Wettkampf um knapper werdende Arbeitsplätze dem Diktat des Arbeitsmarktes zu beugen. Menschen werden im Wettlauf um einen dieser Arbeitsplätze gegeneinander ausgespielt, und die Ausgekoppelten gelten als schlechte Konsumenten und als wertlos. Was bewirkt dieser Prozess, wenn er in die Familie hineingetragen wird? Die Antwort ist überall sichtbar: Abkehr vom Politischen, Selbstvorwürfe, Suche nach Sündenböcke und psychisches Leiden. In dieser Zeit, in der für viele das Vertraute ihre Gültigkeit verliert, erlaubt sich die Werbeindustrie die endlose Suche nach Selbstbestimmung und Lebenssinn neu zu deuten. Eine solche Schwerpunktverlagerung ist wichtig, wenn schon junge Gesellschaftsmitglieder auf das Leben in ihrem neuen Lebensraum vorbereitet werden sollen, in dessen Mittelpunkt die Einkaufszentren stehen.

Schon in die kleinen Seelen werden falsche Orientierungsmuster früh eingewoben, um unkritische Arbeiter für Unternehmer und

Konsumenten herzustellen. Die heute so hilflose Identitätssuche, drückt nicht den Willen aus, ein unabhängiger Mensch zu werden, es ist im Gegenteil die Furcht nicht dazu zu gehören. Daher argumentieren die meisten Sozialwissenschaftler, dass die Fähigkeit des Individuums, ein autonomes Subjekt zu werden, nur das Ergebnis einer gelungenen Sozialisierung sein könne.

Doch gerade dieses Gelungene, ist oft verpuppt und birgt Unheil für die Gemeinschaft!

Denkgewohnheiten sind so fest verankert, dass sie die Ursachen des Schwindens von Solidarität nicht wahrnehmen. Von hoher staatlicher Warte wird lebendige Gemeinschaft und neuer Familiensinn eingefordert, ein hoffnungsloser Aufruf, denn es wird nicht an die Wurzel gefasst. Hartz IV-Empfänger und Leistungsträger werden gegeneinander ausgespielt, um sie gefügig für die Konsumindustrie zu machen. Immer mehr Menschen kämpfen listig um Arbeit, da ist Solidarität ein Hemmschuh. Die Vergesellschaftung darf nicht alles auf die Integration durch Arbeit setzen, auf eine neue Dienstleistungsgesellschaft, in der alle Tätigkeiten nur als Mittel, das Nötigste zu verdienen oder feinen Anerkennungswünschen zu dienen, geschätzt werden. Dadurch bringt sie hilflose und abhängige, resignierende und verhüllte Persönlichkeiten hervor, die im mörderischen Kampf um Arbeit und Lohn keiner Solidarisierung mehr fähig sind. Die bürgerlich geformte Mittelschicht überzeugt sich selbst von der Ursache der Arbeitslosigkeit, wenn sie Arbeitslose als Ursache ausmachen und als Versager und Faulenzer beschimpfen. Doch was bleibt den Kernbelegschaften im beruflichen Alltag übrig, als Solidarität und Mitmenschliches zu verbergen, um nicht mit in den sozialen Tod getrieben zu werden?

Die Einkapselung der Menschen wird hervorgebracht durch erlernte Überlistungsstrategien, die sie fit machen, um in den Wellenbrechern des Arbeitsmarktes zu überleben. So schmieden sie ihre individuellen Karrieren auf den Rücken Anderer.

Im Graben zwischen Ausbildung und Arbeit können aber viele ganz liegen bleiben, wenn sie die Erfahrung machen, dass der Arbeitsmarkt sie mit ihren Qualifikationen und lebensgeschichtlich erworbenen Eigenschaften gar nicht mehr braucht, sie zurückstößt. Das schafft Kränkungen, Verletzungen, Wut und Verzweiflung. Wichtig sind gerade vor und während der Adoleszenz sinnvolle Arbeitsaufgaben, die zunächst mit Größenwünsche aufgeladen, dann überprüft und ins Realistische umgewandelt froh machen. Bei der gegenwärtigen gesellschaftlichen Entwicklung fehlen sie. Dadurch droht das Geltungsstreben völlig in den Vordergrund zu rücken. Die ständige Suche nach neuer Kleidung und das griffbereite Handy ist da nur ein kläglicher Ausgleich. Gerade für die jüngeren Lohnabhängigen steht mehr auf dem Spiel als nur die Arbeitsstelle oder die berufliche Position. Es geht um anerkannte Selbstbilder und Lebenspläne, deren Realisierung durch die Macht der Kernbelegschaften und Arbeitgeber gefährdet ist.

Die anhaltenden wirtschaftlichen Umwälzungen haben im Zusammenwirken mit leeren öffentlichen Kassen nicht nur Unsicherheit und Angst hervorgerufen, sondern auch einen immer größeren Kreis von Menschen in den materiellen und sozialen Ruin gedrängt. Hinter den mehreren Millionen Fällen von Arbeitslosigkeit verbirgt sich ein Vielfaches von Betroffenen, die in den letzten Jahren das Unheil gespürt haben. Aufgewühlte Eltern können die manifeste und latente Gefahr der Arbeitslosigkeit und die damit einhergehende Zukunftsfurcht vor ihren Kindern nicht verbergen. Die Wahrnehmung und Lebensorientierung der Kinder wird es in psychosozialer und emotionaler Hinsicht bedrängen. Diese Entwicklung bleibt auch den nichtbetroffenen Kindern und Jugendlichen keineswegs verborgen. Sie spüren, wie Angst, Ohnmacht und Verzweiflung bei ihren Freunden wirkt.

Ingesamt sind in diesem Kontext zwei Aspekte für das Sozialisationsfeld Familie und Schule von Bedeutung. Erstens verbinden sich mit den wahrgenommenen oder selbst erfahrenen Lebensrisiken bei Kindern und Jugendlichen generell Zukunftsängste und

Orientierungslosigkeit. Die sicher geglaubten Zukunftsperspektiven erschüttern, und gegenwärtiges Lernen wird mit Lebenschancen aufgerechnet. Der zentrale Wert des Schulerfolgs wird erschüttert. Da heute Motivation und Leistung vornehmlich aus dem zukünftigen Tauschwert von Schulabschlüssen in Konsumartikel abgeleitet wird, geht nun diese verinnerlichte Sinngrundlage schulischen Lernens bei vielen Jugendlichen verloren. Zweitens wird die eigene Lage als ungerecht wahrgenommen, und die weiterhin vorgegebenen Werte von Erfolg und Wohlstand erzeugen bei den Verlierern Ohnmacht, sowie feindliches Verhalten gegenüber noch Schwächeren. Gerade wegen der Konkurrenzbedingungen auf dem Arbeitsmarkt hat sich damit an der Nahtstelle vom Schulabgang zum Beruf der Wettbewerb unbändig verschärft. Dies bleibt nicht ohne Folgen auf die Gegnerschaft im schulischen Leben. Mit immer feineren Lernmethoden wird nur noch der Vorsprung bearbeitet. Anderseits werden bei Lernermatteten Gefühle von Sinnlosigkeit und Unbrauchbarkeit gesteigert. Dieser Wettlauf zerstört Bindungen und verdrängt solidarische Umgangsformen in den Klassenräumen. Der heftigste Druck liegt auf Mittelschichtfamilien, denn sie müssen Abstiege und Statusverluste abwenden. Das Zentrale für die Sicherung positiver Perspektiven für die Lebensplanung ist ein aussichtsreicher Einstieg in das Erwerbssystem. Wenn von den politischen Akteuren nicht ein Rahmen von sichtbarer Verteilungsgerechtigkeit für Bildung gebaut wird, entsteht aggressive Rivalität oder Trostlosigkeit, die sich in Lernabneigung ausdrückt. Statt junge Menschen in Warteschlangen auf den langen Fluren der Arbeitsagenturen einzureihen, müssen schon in den Räumen der Schulen Sicherungen eingewoben werden, wodurch die Privilegien einiger gesellschaftlicher Gruppen ihre Gültigkeit verlieren.

Denn was wird in die Seelen der Jugend hineingebettet, die unter den jetzigen Bedingungen vergesellschaftet wird? Die von einer Generation erzogen wird, der das, was sie einmal verbinden sollte, entglitten ist. Durch konforme und unkritische Erwachsene lösen sich für viele Jugendliche erhoffte Lebensziele in Luft auf. Da wird Falsches vorgelebt. Gefragt sind in dieser prekären Lage mutige Menschen, die das Bild nicht nur überpinseln, sondern die verhindern, dass ein Drittel der Gesellschaft an Ränder geschleust wird. Die Verantwortlichen haben jedoch schon vorsorglich Auffangbecken und Abfalleimer für die Abgedrängten eingerichtet: Hauptschule, Arbeitslosengeld II, Sozialhilfe, Sozialpädagogik und Umschulungen. Dort sollen die Auswirkungen eines hoffnungslosen Lebens abgefedert und entsorgt, aber die Ursachen nicht beseitigt werden. Rechte Hände der Konzernherren schreiben wichtige Gesetzesvorlagen an Ministerien. Das Stahlkorsett muss mit neuen Bändern verstärkt werden. Fleißige Wirtschaftswissenschaftler drehen mit neoliberalen Werkzeugen immer dickere Schrauben in den uns umgebenden Panzer, aus Furcht ihr Gebäude könnte gänzlich zusammenstürzen.

Neuntes Kapitel

Die Einwilligung der Beschäftigten

Durch die absichtlich anhaltende Ungewissheit von Beschäftigungsperspektiven schleicht sich nackte Angst in das Gefühlsleben vieler Menschen. Ein Niedersinken in die soziale Bedeutungslosigkeit droht. Wiederkehrende Arbeitslosigkeit und Leiharbeitsverhältnisse werden nun als selbst verschuldet wahrgenommen. Überflüssige im Produktionsprozess haben jedoch eine wichtige Funktion. In der Öffentlichkeit werden sie nur als Kostgänger wahrgenommen, die den staatlichen Kassen zur Last fallen. Doch diese Funktion im Verteilungskampf hat man ihnen verliehen, eine wichtige, die die Wettstreitenden ums Wohlfühlen besonders anspornt.

Die Dauerarbeitslosen, bzw. diejenigen, die der Öffentlichkeit als Problemgruppe vorgestellt werden, geraten verstärkt zur auserkorenen Gruppe einer Sündenbockstrategie.

Zugleich gewinnt die Erwerbsarbeit erstaunlich an Reiz und Verlockung. Ihre dauernde Beanspruchung erblüht zu einem Statussymbol. Insbesondere in den höher qualifizierten Berufsgruppen pflegt man lange Arbeitszeiten. Wer nicht erwerbstätig ist, verliert somit soziale Anerkennung. Es fehlen ihm die Mittel, um sich Ersatz für fehlende Statussymbole zu beschaffen. Der Verlust der Arbeit Anderer in einer erwerbsarbeitfixierten Gesellschaft ist daher immer eng mit eigenen Gefühlen der sozialen Überlegenheit und der Zugehörigkeit verknüpft. Auf der einen Seite wächst der Zwang zur Erwerbsbeteiligung, um sich wohlig zu fühlen und dem sozialen Nichts durch Arbeitslosigkeit zu entkommen. Anderseits werden durch die bedrückenden Zukunftsgedanken immer mehr Menschen von Arbeitsplatzbesitzern aus dem Ring gedrängt.

Bei dem Zusammentreffen von Gewinnern und Gescheiterten auf dem Arbeitsmarkt, sowie Stigmatisierung derer, die nicht am Konsumstil teilnehmen können, betritt nun der Ausgesonderte die Bühne der Gesellschaft. Auf ihr bekämpfen sich Gruppen mit hohem sozialem und kulturellem Kapital mit denen, die von diesen wichtigen Kapitalien ferngehalten wurden.

Der Aussortierte ist nicht mehr im Spiel, er ist ein fehlerhafter Konsument. Diese neue Sozialfigur ist insgeheim aber willkommen, denn nun können die Anderen im Publikum verharren und sich beruhigt auf ihren Drehstühlen zurücklehnen.

Die Konsumgesellschaft steht für eine Art von Gesellschaft, in der der Einzelne sich bereitwillig für einen bejahenden Konsumstil entscheidet. Arbeitslosigkeit ist keine Voraussetzung für die Mitgliedschaft in dieser Gesellschaft. Nur eines ist wenigen klar: auf einem Arbeitsmarkt, der von mächtigen Arbeitgeberverbänden beherrscht wird, haben Arbeitslose aktuell keine Chancen. Dieser Umstand aus dem Rennen zu sein, verdanken sie wirtschaftlichen Spielregeln, die in Vorstandsetagen ausgedacht werden.

Auf wen treffen wir auf den Abfallplätzen der Konsumgesellschaft? Wir treffen auf Frauen und Männer, die ihren Lebensmittelpunkt verloren haben. Langzeitarbeitslose resignieren, denn ihr Erwerbsleben ist ausgeschaltet worden. An eine Rückkehr in Arbeit glauben sie nicht mehr. Heute wissen sie nicht, woran sie sich halten können. Im Bewusstsein der eigenen Überflüssigkeit finden sie keine Antwort auf ihre auswegslose Lage. Der demütigende Blick der fein gekleideten Arbeitsbesitzer tut seinen Rest.

Dieses Kreisen in der Abstiegsspirale ist vielen Arbeitslosen bekannt, denn sie verlieren ihren Halt und ihre Qualifikation. Der stetige Wechsel von Kurzfristjobs, Leiharbeit und Maßnahmeverrichtung führte sie Schritt für Schritt an den Rand der Gesellschaft. Oder waren sie schon immer im Randbereich? Erst in der Randbelegschaft, und nun in der Randgesellschaft am Rande der Stadt.

Was empfinden dagegen die Mitglieder der Kernbelegschaft, die beruflich und sozial Etablierten? Vielleicht heimliche Freude oder Stolz auf die eigene Leistung? Sie merken nicht, dass ihre Nützlichkeit von ihrem sozialen Umfeld vorgerichtet wurde.

In den Randlagen der welkenden Arbeitsgesellschaft treffen wir auf viele Jugendliche ohne Beruf, die den wachsenden Lerndruck des Erwerbslebens nicht gewachsen sind. Viele von ihnen sind ohne Schulabschluss, und haben viele Warteschleifen durchlaufen. Trotz dieser Überbrückungen ist der Einstieg ins Berufsleben gescheitert. Hat man vergessen, dass alle jungen Menschen eine gute Ausbildung brauchen, oder will man diese Unterschiede. Hauptschüler schätzen schon früh ihre Chancen, sich im Erwerbssystem zu etablieren, sehr pessimistisch ein. Man nimmt ihnen schon in der Hauptschule jegliche Hoffnung und den Eifer ein Ziel zu verfolgen. Sie fühlen sich sozial abgehängt und defizitär neben Gymnasiasten und Realschülern. Ihr ganzes Leben werden ihnen diese Unterlegenheitsgefühle als schwere Last auf den Schultern liegen, gebeugt und hoffnungslos. Dafür bekommen andere die Möglichkeit erfreut auf sie herab zu schauen.

Diese soziale Schieflage ist eine Herrschaftsfrage in unsere Gesellschaft. Die Verteilung der Erwerbsarbeit steht nicht im Vordergrund der Ökonomie, sondern die Profitmaximierung der Unternehmen für eine kleine Gruppe der Vermögenden.

Der zentrale Gegenstand der politischen Auseinandersetzung ist eben nicht nur die Ausplünderung der unteren Sozialschichten, sondern das Heranpirschen starker gesellschaftlicher Gruppen an üppige Tröge.

Eine wichtige Rolle spielt der technologische Wandel in der Arbeitswelt. Die rasante Produktivitätssteigerung der letzten Jahre wurde aber nicht für eine Verkürzung der Arbeitszeit genutzt, sondern um Erwerbsgruppen für einfache Tätigkeiten schnell aus dem Markt zu drücken. Statt sie gezielt auszubilden, konnten Inhaber von Bildungszertifikaten in Kernbelegschaften aufsteigen.

Man denke sich eine frühe Gesellschaft, die sich an einem Fluss niedergelassen hat. Da lassen die mächtigen Gruppen Wassermühlen bauen und baden im kristallklaren Wasser, jedoch die schwächeren dürfen sich einmal am Tag einen Kübel Wasser holen.

In engem Zusammenhang mit dem technischen Wandel steht die Personalpolitik großer kapitalistischer Unternehmen, die so gehandhabt wird, als ob Arbeiter selbst ein Produkt wären, das in kürzester Zeit profitabel oder ausgetauscht wird. Die Herausbildung einer Randlage von Aussortierten wird dadurch beschleunigt. Doch Erwerbsarbeit für alle beginnt mit einer Verkürzung der Arbeitszeit im Rahmen der jährlichen Produktivitätssteigerung ohne Lohnausgleich. Geben hierfür wohl die dann bedrohten Kernbelegschaften ihre Einwilligung?

Denn nur die, die aus der Anerkennungsmaschinerie der Berufsarbeit und des Konsums herausfallen, bekommen die schrecklichen Wirkungen zu spüren.

Diese Ausgliederung aus dem Erwerbsprozess hätte man aufhalten können, wenn schon ab 1980 die Arbeitszeit sukzessiv mit dem technischen Fortschritt verringert worden wäre. Doch Arbeitgeber und Kernbelegschaften hatten die stärkere Position, sie drängten Schwächere aus dem Arbeitsleben mit furchterregenden Folgen. Eine ungeheure Masse von Menschen ist nun ohne Arbeit oder in prekären Beschäftigungsverhältnissen untergebracht. Die Solidarität zerbrach in diesem mörderischen Spiel um die besten Plätze im Berufsleben.

Auch die Politik ist in einer schwachen Position. Sie versorgt die Überzähligen zwar mit Brot und kargen Behausungen, aber die Herrschaftsverhältnisse kann sie nicht verbiegen.

Nicht nur aus dem Arbeitsmarkt sind die Geschwächten ausgegliedert, auch gleichermaßen aus dem Heirats- und Partnerschaftsmarkt.

Soziale Netze als Sicherheitsnetze und Aufstiegsnetze sind zerrissen. Neue können nicht geknüpft werden, denn Seminare und erlesene betriebliche Weiterbildung sind nur für Leistungsgruppen vorgesehen, nicht für Faulenzer und Unwillige. Welche ertragreichen Maßnahmen werden den Abgedrängten von Sozialämtern zugewiesen?

Das Leben am unteren Saum einer wohlhabenden Gesellschaft macht einsam und bleibt weitgehend verborgen. Dieses Randleben ist eine soziale Figur unserer Wirtschaftsordnung, Bote eines Zerfalls. Es streut Angst in beunruhigte Gruppen, aber es bringt die Menschen noch nicht aus der Fassung. Gleichwohl, dieser Bote hat gewaltigen Einfluss auf das politische Klima. Er sorgt in vielen Bereichen des Arbeitslebens für Statusunsicherheit und Angst vor dem beruflichen und sozialen Absturz. Die Last auf die, die noch Arbeit haben wächst enorm. Diese Verwundbarkeit kriecht bis unter die wärmenden Decken der gesellschaftlichen Mitte.

Zudem entfacht diese zementierte Arbeitslosigkeit heftige Verteilungskämpfe um Arbeit, und um knapper werdende wohlfahrtsstaatlicher Mittel. Diese Mittel, eher Schweigegeld als Fürsorge, werden natürlich von den im Erwerbssystem Etablierten als ein moralisch zweifelhafter Kostenfaktor oder als Hemmschuh besserer wirtschaftliche Entwicklung thematisiert. Viele sehen den Genuss der Früchte des eigenen Aufstiegs durch die dauerhafte Ausschüttung von Sozialleistungen gefährdet.

Der schändliche Empfang von Sozialleistungen hat ein Stigma von Unfähigkeit und Sorglosigkeit erhalten. Im Medienbewusstsein assoziiert es mit Schmarotzertum, Gleichgültigkeit und Alkoholkonsum. Der Staat könne sich so etwas nicht leisten, und es wird Selbstverantwortung von den Überflüssigen eingefordert.

Mit dem dauerhaften Herausfallen aus dem Arbeitsleben droht eine Schwächung des sozialen Zusammenhalts. Denn die Berufsarbeit stiftet Sinn, und verhilft zum stetigen Konsum, ohne dass die dahinter lauernde Macht sichtbar wird. Arbeit für alle bedeutet immer auch Kontrolle über Konsumstile. Aber die Nichtbeteiligten am Erwerbsleben nähren den Verdacht der Unordnung, des Unangepassten und des Parasitären. Die Eingliederung der Verweigerer in das gesellschaftliche Herrschaftsgefüge wird brüchig.

Die Frage ist nun, mit welchem politischen Kitt dieses baufällige Gefüge ausgefüllt werden soll. Die Zeichen der Politik deuten auf autoritäre bestrafende Maßnahmen.

Die jammernde Sozialfigur auf der Bühne der modernen Wirtschaft ist durchdrungen von Gefühlen der Aussichtslosigkeit, Neid und Sinnlosigkeit. Der Siegeszug der Konsumwelt marschiert an ihr vorbei. Das ist das subjektive Drama der Arbeitslosigkeit, denn Annerkennung, Status und Wohlstand sind heute nur denen versprochen, die Zugang zur Lohnarbeit haben. Hier wird die schonungslose Arbeitsmarktpolitik der Herren in feinen Anzügen deutlich. Sie bringen Beschäftigte gegen Arbeitslose in Anschlag, um von ihrer eigenen Machtfülle abzulenken. Die Arbeitsmarktteilhabe auch für die Ausgesonderten durch eine veränderte Verteilung der Arbeit darf es in dieser Gesellschaft nicht geben. Die Verachtung der Weggeworfenen muss die Gefügigkeit der Besitzenden erhalten, wenn es droht ins Nichts abzurutschen. Manchen würgt es schon beim Anblick der Jammernden. Wer möchte schon seine soziale Positionierung, die aufwändig erklommen wurde, für Faulenzer in Gefahr bringen.

Die Verschärfung sozialer Ungleichheit seit den 1980er Jahren ist auch in anderen westlichen Ländern beobachtet worden. Trotz der wohlfahrtsstaatlichen Segnungen in unserem Land, ist hier die Verteilung der Arbeit ein überragendes politisches Problem geblieben. Denn gerne werden konjunkturelle Schwankungen und die neue Technik für die Beschäftigungs- und Personalpolitik der Unternehmen als Ursache für die Langzeitarbeitslosigkeit verantwortlich gemacht. Es scheint plausibel, wie Massenarbeitslosigkeit entsteht. Das Medienbewusstsein schiebt die Aufmerksamkeit in eine vorgefertigte Richtung. So kann die Aussortierung auf dem Arbeitsmarkt sorgsam privatisiert werden.

Es gab schon immer einen von Dienstherren beherrschten Arbeitsmarkt, mit gewollten Ausgrenzungsmechanismen. Unser Bildungssystem leistet da gute Vorarbeit, denn es ist ein hervorragender Filter. Er trennt Personen die ein Zertifikat für einen gesicherten und qualifizierten Arbeitsplatz haben sollen, von denen, die kein Zertifikat benötigen, wenn sie später in ungesicherte Arbeitsverhältnisse abgedrängt werden sollen. Das ist ein schon lange etabliertes Merkmal des deutschen Beschulungssystems. Eine starke Mittelschicht konnte sich hierdurch bilden. Sie hat ihr Bildungssystem so strukturiert, dass Kinder aus schwachen Sozialschichten in dem Primarstufensieb zur Hauptschule herab fallen. Nach diesem Sturz haben viele Jugendliche keine Kraft mehr sich für begehrte Schulabschlüsse aufzurappeln. Sie rütteln heute an den Pforten der Aufgestiegenen. Wie kann man sie abweisen? Wir rufen laut: Ihr habt selbst Schuld! Den Rest übernimmt der Sozialstaat mit Alg. II. Und nun können wir uns wieder behaglich zur Seite drehen und ruhiger schlafen.

Die Mittelschicht kann so ihren Nachwuchs zu Globalisierungsgewinnern verhelfen, da sie über genügend kulturelle und soziale Mittel verfügen, die ihnen Zugehörigkeiten und Positionen sichern. Diejenigen aber, deren Mittelausstattung sehr gering ist, sind nicht mehr im Spiel. Diese unbrauchbare Gruppe ist noch nicht die Mehrheit in unserem Land, jedoch sie wächst unaufhaltsam.

Das Spähen in die soziale Sackgasse sollte aber dennoch zum Nachdenken anregen. Das herrschende Konzept der Aussonderung übernimmt zu unkritisch eine Perspektive, wo ein Mensch nur als Arbeitskraft und Konsument interessant ist, der, sobald der Verwertungsnutzen an ihm erloschen ist, ausgetauscht wird.

Was in den Türmen der Städte erwünscht sein mag, nämlich mehr Wettkampf, äußert sich auf der kleinen menschlichen Ebene verhängnisvoll, da die individuellen und sozialen Folgekosten ignoriert werden. Die Politik unterstellt nun aber gleichmütig den Ausgesonderten und Überflüssigen Pflichtvergessenheit. Eine unlustige Sozialtechnik wird eingemeindet, eine Eliminierung des sozialen Zusammenhalts eingeläutet.

Dies sind keine Krisen der Arbeitsgesellschaft oder Wirkungen der Globalisierung. Das ist folgsame Politik, die sich übermächtigen Kapitalinteressen fügt und wichtige Wählerschichten locken muss. Eine Neuverteilung der Erwerbsarbeit soll es nicht geben. Der größte Teil der überzähligen Arbeitsmenschen wird vielmehr über einen Maßnahmenmodus weiter an ein wackeliges Erwerbssystem gebunden und somit dürftig integriert, obwohl Arbeit auf dem ersten Arbeitsmarkt immer weniger nachgefragt wird. Eine ohnmächtige Bewältigung der Lage, um die Macht herrschender Kreise im Hintergrund zu verschleiern. Noch gibt der Arbeitsmarkt diesen Menschen eine kleine doch dahinwelkende Hoffnung, eine schauderhafte. Viele klammern sich an diese grandiose Illusion, ohne zu ahnen, weshalb sie schon vor vielen Jahren aus allen Wettkämpfen ausgeschieden wurden.

Zehntes Kapitel

Ein Kalkül geht tanzen

Unsere Konsumgesellschaft leidet unter der Massenarbeitslosigkeit. Millionen Menschen möchten mehr konsumieren, finden jedoch keine bezahlte Arbeit, womit ihre kleinen Wünsche gestillt werden könnten. Ihr Arbeitsangebot wird eben nicht nachgefragt. Es ist eine millionenfache Leistungsvergeudung in unserer Volkswirtschaft. Warum lassen Arbeitgeber diese riesige Reserve ungenutzt herumstehen? Es ist, als sei ihr Bedarf gestillt. Es ist, als gäbe es nichts mehr zu verbrauchen. Weshalb nehmen sie über 3 Mill. unfreiwillige Nichtsnutze in Kauf, mit aller damit verbundenen Verachtung und Entwürdigung? Arbeitslose spüren diesen verachtenden Blick, der ihnen oft offen oder heimlich folgt, da sie keine vollwertigen Konsumenten sind.

In unserer kranken Wirtschaft, in der gigantische Konzerne den Ton angeben, ist massenhaft unbefriedigter Bedarf, und zwar sowohl im privaten wie im öffentlichen Bereich. Je länger z.B. Arbeitslose vom Staat beköstigt werden, oder als Aufstocker und Bürgerzwangsarbeiter etwas verdienen, desto weniger können sie konsumieren. Ob da wohl eine kleine Sehnsucht nach einem Häuschen schlummert? Doch sie sollen ihren Gürtel gefälligst enger schnallen, hört man von den Habenden.

Wir kennen alle die Armut kinderreicher Familien in bestimmten Stadtteilen und die blanke Ungerechtigkeit, die diesen Kindern im Schulalltag begegnet. Gerechtigkeit kann sich unsere Gesellschaft in diesen Bereichen nicht leisten. Dafür fehlen ihr anscheinend die Mittel. Unsere Volkswirtschaft zeigt sich hier arm, und zusätzlich drücken die Zinsen für Schulden dem Staat an der Gurgel. Manche Volkswirte und Politikberater tönen sogar, wir lebten über unsere Verhältnisse. Das mag für einige wenige gesellschaftliche Gruppen schon zutreffen. Wer muss denn nun seinen Gürtel enger schnallen, um die Wirtschaft wieder flott zu machen? Denn in Wahrheit könnte unsere Wirtschaft mehr Konsum von unteren Schichten gebrauchen. Leistungsreserven von vielen Millionen Arbeitsuchenden warten auf ihren Einsatz. Doch für die gibt es ja Discounthäuser und klapprige Autos.

Es fehlt offenbar an dem volkswirtschaftlichen Grundwissen, um das Leistungsangebot und den Leistungsbedarf in Deckung zu bringen. Die Wirtschaft krankt, weil der Bedarf vieler Menschen nicht zum Angebot und weil das Angebot nicht zum Bedarf kommt. Der Austausch stockt. Hier stoppt der Strom des volkswirtschaftlichen Kreislaufs. Unternehmen müssen ihre Produkte zwangsläufig mit einem riesigen Investitionsaufwand im Ausland anpreisen. Darüber freuen sich die Kapitalgeber. Aber nicht bei allen volkswirtschaftlichen Flüssen ist die Strömung zurückgegangen. Denn es gibt Geldflüsse, die schneller geworden sind als die Löhne, schneller als die Preise und schneller als die Arbeitslosenzahlen. Man hat also einen langfristigen Vorreiter für das Ansteigen der Leiharbeit, für das Ansteigen der Arbeitslosigkeit und für den Anstieg der befristeten Arbeitsverhältnisse.

Die schwächliche Wirtschaft leidet, weil die Kapitaleinkünfte und Zinsströme innerhalb der Volkswirtschaft über Jahre hinweg beharrlich gestiegen sind, und aus dem wirtschaftlichen Kreislauf heraus geleitet wurden. Die Investitionen fielen zurück, und die überschüssigen Geldhaufen speisten die Finanzmärkte. Diese Flüsse signalisieren, dass durchaus riesige Ströme an Gelder um die Welt kreisen, aber eben nicht produktiv sind. Während die Lohneinkünfte eher stagnieren, tut sich etwas im Bankenreich: nämlich dort, wo Zinsen gezahlt werden. Ein Jahr der Krisen und Konkurse ist zugleich ein gutes Jahr für Banken und Zinserträge. Wo Zinsen fließen, da ist Geld von Verleihern zu Schuldnern verschoben worden, und die Zinsen sind die Kosten dieser Transaktion auf Zeit. Wo viele Zinsen gezahlt werden, dort wird viel Geld ausgeliehen.

Wo viel Geld ausgeliehen wird, dort ist Geld in Kassen von solchen Wirtschaftssubjekten, die zwar im Geld baden, aber keinen einfachen Bedarf haben.

Steigen in einer Volkswirtschaft die überquellenden Geldmassen bei Vermögenden stark an, dann besteht bei ihnen kein eigenes Verlangen an Verbrauchsgüter mehr, da sie schon in Fülle vorhanden sind. Genau das ist in unserem Land der Fall. Geld wird einfach bedürfnislos auf Paletten hin und her geschoben, es sucht verzweifelt nach Wachstumsplätze.

Wie sehr in den vergangen Jahren die Staatsverschuldung gestiegen ist, dazu braucht nichts mehr gesagt werden. Das der Staat seine Investitionen mit Krediten bezahlt, ist in Ordnung. Was wir uns nicht leisten können, ist die Tatsache, dass alleine die Zinsbelastung der öffentlichen Haushalte den politischen Handlungsspielraum abwürgt. Denn ein immer größerer Anteil der Steuern, die wir an den Staat zahlen, stellt nur ein durchlaufender Posten dar und fließt dann in die Schatullen der Kreditgeber, den Habenden, die in den riesigen Geldfluten zu versinken drohen.

Hört sich alles sehr polemisch an. Aber, die Massenarbeitslosigkeit und die Zinsflüsse in die Schatullen der Reichen stehen in einem eigenartigen Zusammenhang. Als wenn eine unsichtbare Macht verhindert, dass sich dieser ändert. Ein Kalkül geht tanzen: zuerst das Herabdrücken der Löhne und Lebensweise der Arbeiterklasse unter den Stand der eigene Klasse, dann das Einspringen der sorgenden Großorganisation Staat für den zurückgehenden Konsum um eine Aufruhr der Armen zu vermeiden, und endlich die ersehnten Zinsflüsse für die Schuldenaufnahme des Staates in die eigene Tasche. Zinseinnahmen sind eine sichere Bank für die begüterte Schicht, und sie werden in Zukunft weiter steigen.

Scheinwerfer an!

Den Arbeitslosen und Leiharbeiter fehlt es permanent an Geld, um ihren kargen Konsumbedarf zu stillen. Dem Staat fehlt es an Geld, da er die entstehenden Konsumlücken ausgleichen muss.

Auch Subventionen für die Unternehmer soll er nicht antasten. Den Unternehmen fehlt es an Geld, um ihr Eigenkapital aufzustocken. Dem Bedarf fehlt einfach das Geld, ohne das er zur wirksamen Nachfrage werden kann. Der Bedarf kommt nur an Geld, wenn er sich es leiht. Denn das Geld ist dort, wo es immer hin geflossen ist, nicht dort wo Bedarf besteht. Es liegt in Tresoren, nicht für die Nachfrage nach Waren, Diensten oder Investitionsgütern, sondern es soll sich stetig vermehren. Dieses Geld ohne Bedarf verhilft also nur dem Begehren nach noch mehr Geld. Staatspapiere von einigen Ländern sind da eine vorzügliche Anlage, denn sie verdoppeln alle 20 Jahre den Inhalt der Schatullen. Die Kellergewölbe der großen Banken müssen ständig vergrößert werden, man gräbt und buddelt, sogar bis in Nachbarstaaten. Die Zinsströme schwellen ständig an, nur wohin mit der unbändigen Flut. Doch nur wer viel Geld hat, wird von den Fluten überschwemmt.

Unvermeidlich trocknen andere Geldflüsse aus. Befinden sich wenige Gelder in den Kassen der Konsumenten, nicht in den Taschen der ärmeren Klassen, die Güter kaufen wollen, und auch nicht in den Kassen der Unternehmer, die investieren wollen, sondern in den großen Tresoren von Vermögensbesitzer, die schon alles im Überfluss haben, dann können ihre Gelder für Zinsen verliehen werden. In unserer Volkswirtschaft fließen die Zinsen in die falsche Richtung, und sie muss auf Pump leben. Der wirtschaftliche Verkehr kommt ins stottern. Unternehmer versuchen nun mit Rationalisierungen ihre Kosten zu senken, vor allem im Personalbereich. Arbeitnehmer schiebt man zuerst ins Abseits, und nur die Leiharbeit gedeiht, vor allem bei Konjunkturaufschwüngen. Die Konsumnachfrage wächst nicht wie versprochen. Die Werbeindustrie mit einem Volumen von jährlich 30 Milliarden Euro läuft auf vollen Touren.

Unsere Marktwirtschaft ist so aufgebaut, dass aus dem Wirtschaftskreislauf automatisch riesige Geldhaufen abgezogen werden und in Kassen lagern, wo sie nicht auf Bedarf treffen. Die Kosten für die Rückholung in den Kreislauf sind gewaltig. Sie fallen in

Form von Zinsen an und erhöhen die Ungerechtigkeit, da sie diejenigen belasten, die ihren kargen Lohn verkonsumieren müssen. Es ist eine gut durchdachte Subventionierung der Wohlhabenden durch die Schaffenden. Eine solche ständige Subventionierung der Vermögenden durch die Masse der Kleinkonsumenten ist nicht nur ungerecht, sondern erst recht volkswirtschaftlich unsinnig. Denn dieses Einkommen aus Zinsen, Einkommen ohne Arbeit, hat die Tendenz sich zu vermehren wie Krebszellen, die das gesunde Gewebe schädigen und am Ende zerstören. Die Finanzjongleure nähren sich an diesem Gewebe wie an Honig.

Wie wird sich nun der Beschäftigungsbereich in unserer Wirtschaft in diesem virulenten Umfeld entwickeln? Arbeitgeber bereinigen beständig ihren Personalbestand. Nicht nur die Lohnkosten sinken dadurch, auch die Unbrauchbaren ist man endlich los. Arbeitswillige können nicht mehr durch Arbeit ihren Lebensunterhalt verdienen. Der sorgende Staat muss einspringen, um Unruhen zu verhindern und um den Nachfragerückgang aufzufangen. Millionen Leiharbeiter sind die neue Reservearmee. In baldiger Zukunft gibt es in den unteren Sozialschichten nur noch Teilzeitbeschäftigte, Leiharbeiter, Arbeitslose und Bürgerarbeiter. Bürgerarbeit als verziertes Hüllwort für Hartz IV-Empfänger. Es kaschiert vorzüglich den von der Politik gut vorbereiteten Weg in die kalten Randgebiete unserer Gesellschaft. Es hilft den Arbeitgebern die Säuberung ihrer Produktionsräume vom unwerten Arbeitspersonal weiter zu beschleunigen. Diese prekären Verhältnisse befallen langsam kriechend die noch gesunden Schichten. Dabei rückt der Bürger, als ursprünglicher Auftraggeber der Wirtschaft immer mehr an den Rand. An seiner Stelle wird nun der Staat zunehmend zum Auftraggeber, auch weil es für Topmanager einfacher ist, zwei Dutzend Politiker zu Milliarden Ausgaben zu bewegen, als Millionen Bürger nochmals zu einer zusätzlichen Konsumsteigerung. Die Zinstöpfe schwellen weiter, wohin nur mit dem Geld!

Doch die Angst der Bürger vor dem Absturz, die Angst vor Komfortschäden, die Furcht in die Bedeutungslosigkeit abzurutschen lässt sie alle in eine Richtung laufen. Panikartig werden andere, ohne hinzusehen, zur Seite geschoben.

Mit welchen Versprechungen sind ganze Gehirnareale in der Mitte unserer Gesellschaft überspielt worden? Die innere Landnahme ist gut organisiert. Welche Subjekte werden in diesem wirtschaftlichen Umfeld produziert?

In der gegenwärtigen politischen Lage müssen wir uns darüber klar werden, auf die Verschuldung der Haushalte als Instrument für die private Geldschwemme dient. Nun hat die Verbindung von Politik und Finanzkapital in den letzten Jahren eine massive auf gegenseitige Nützlichkeit beruhende Annäherung erfahren. Was zaubern die Finanzjongleure heute davon, da man ihnen die Zügel abgestreift hat. Es wird sich für die Kapitalisten eine gute Lösung finden, womit der Rest der arbeitenden Menschen aufs Kreuz gelegt werden kann. Kopfzerbrechen würde den Akteuren nur eines bereiten: wenn wir beginnen Kaufhäuser zu meiden. Solange das nicht eintritt, und wir weiter kaufen und wegwerfen, werden sie weiter alles auf ihre Kapitalinteressen zuschneiden.

Allein zwei wichtige Maßnahmen, nämlich das Bürger die Pflicht eines eifrigen Konsumenten ablehnen und eine Abschöpfung der Geldhalden durch Steuern könnte die Geldelite zum Grübeln anleiten. Doch schon karren sie ihre Geldhaufen mit wenigen Mausklicken in Millisekunden automatisch in andere Kontinente. Es ist der Honig für findige Geldjongleure, die über den Wolken zwischen Frankfurt und New York fliegen.

Elftes Kapitel

Die Ohnmacht der Wertlosen

Es muss die Frage verfolgt werden, was die Existenz der Wertlosen, jenes sozialen Abfalls, den die deutsche Wirtschaft als Nebenerzeugnis im Arbeitsmarkt beständig herstellt, jene als faul und nutzlos abgestempelten Menschen für den Zusammenhalt der fügsamen Durchschnittsmenschen bedeutet. Die mediale Verfolgung und politische Gegenüberstellung von Leistungswilligen und Hartz IV-Empfängern löst Angst vor der eigener Talfahrt aus, und erzeugt somit die Willigkeit der Gefolgsleute, wovon Arbeitgeber heimlich träumen. Man sollte hinzufügen: je zerstörter der soziale Zusammenhalt der isolierten Konsumenten, Eigenheimbesitzer und Berufsmenschen ist, und je weniger es wirkliche Zusammengehörigkeit in unserer Gesellschaft gibt, desto dringender bedarf sie Sündenböcke, die aus einer gemeinsamer Empörung über die Faulheit der Arbeitslosen auf die Bühne gestellt werden.

Dass die Perspektivlosigkeit der Langzeitarbeitslosen und der Leiharbeiter durch die Personal- und Lohnpolitik mächtiger Konzerne vorangetrieben wird, ist im allgemeinen Bühnenbild nicht zu erkennen. Konzerne haben den Niedriglohnsektor für ihre Randbelegschaften eröffnet, um die internationalen Märkte zu erobern. In diesem Eroberungskampf sind fallende Lohnkosten selbstverständlich. Die Randbeschäftigten zwingt man ohne Skrupel ins Elend, denn der Staat lindert ja die herbeigeführte Armut. Der Arbeitsmarkt besteht sowieso nur für qualifizierte Arbeitsnachfrager. Für Arbeitslose in den Warteschlangen der Agenturen besteht kein Markt, sie müssen sich den Arbeitgebern und kargen Löhnen fügen, um nicht als Gescheiterte abgestempelt zu werden. Es ist der bürgerlichen Bewusstseinspflege dank einer einseitigen Etikettierungspraxis und mit Hilfe der Massenmedien gelungen, ein Bild

von Arbeitslosen zu malen und im Denken der Masse zu verankern, das dem einfachen und ärmlichen Müßiggänger täuschend
ähnlich sieht. Dieses gelungene Bild und die damit verbundenen
Ängste geben, kräftig gefördert durch Auftritte der Politiker, einen
immer wichtigeren Zement für das ideologische Rechtfertigungs-
gebäude der neoliberaler Wirtschaftspolitik ab.

Die Arbeitslosen werden so mit ihrer hergestellten Wertlosigkeit
zur negativen Identität und zum gefürchteten Schatten der Lohn-
abhängigenexistenz. Denn gerade diejenigen, die sich nur noch
mühevoll im Lohnarbeitsleben halten können und die durch Ra-
tenverschuldung und Sorge um ihren Arbeitsplatz beständig am
Rande des Absturzes und der sozialen Ausgrenzung stehen, haben
es zwingend nötig, sich am heftigsten über den Müßiggang Anderer zu erzürnen. Die Hoffnung auf neue Arbeitsplätze, die eifrig
von der Politik als Köder in scheinbar greifbarer Nähe gehängt
wird, und das Ringen um soziale Anerkennung vermag sich nicht
in einen offenen und gemeinschaftlichen Kampf zu wandeln, sondern klammert die Verängstigten nur noch krampfhafter und ver-
bissener an die privaten kleinbürgerlichen Konsumformen.

In diesem Thesenbrei der neoliberalen Wirtschaftsmanager sind
Arbeitslose nur kleine Sandkörner, die das wirtschaftliche Getriebe
stören. Bei einer konjunkturell bedingten Unterauslastung der
Wirtschaft sollen Arbeitsuchende bitte sich beugen. Sollte das
Lohnniveau im Niedriglohnsektor generell zu hoch sein, sodass
Arbeitsplätze für einfache Arbeit unrentabel werden, muss der
Sozialstaat einspringen. Die strukturelle Arbeitslosigkeit aufgrund
von Qualifikationsmängel der Arbeitsuchenden darf nicht den Ar-
beitgebern aufgebürdet, denn Ausbildung sind Kosten!

Da steht er nun, der arme Tropf, ohnmächtig in den langen
Schlangen. Keine Silbe über Arbeitszeitverkürzung bei Gutverdie-
nenden; kein Wort über die Marktmacht der Arbeitgeber. Nicht
einen Satz über die Herrschaftsverhältnisse im Arbeitsmarkt und
herkunftsbedingte Aufenthalte im Hochlohnsektor. In einer Ex-

portnation spielt nun mal die Lohnpolitik für Unternehmen eine Schlüsselrolle, ohne Rücksicht auf den Binnenmarkt. Natürlich hat sie im oberen Lohnbereich auch eine Köderfunktion. Auch Gewerkschaften sind für eine marktgerechte Lohnpolitik gewonnen. Wachstumspropheten und Globelplayer beeinflussen zerstörerisch mit ihrer Machtfülle alle sozialen Systeme unserer Gesellschaft.

Wir teilen uns selbst ein in für die Wirtschaft ungebildete Wertlose, und in wertvolle Menschen, die in der Wirtschaft erfolgreich sind. Oh dort: hängende Schultern, Zigarettenrauch, den leeren Blick nach unten, es klickt in unseren Zellen, ein fauler Arbeitsloser. Ah hier: hohe Stirn, dunkler Anzug mit Seidenkrawatte, gereinigter Mittelklassewagen, es blitzt im Gehirn, ein erfolgreicher gern gesehener Herr, zu ihm möchte ich mich zählen. Diese Wahrnehmung wird auch in den Nachwuchs transportiert. Im Schulsystem eignen sich daraufhin Jugendliche Wissen an, mit dem Kalkül es später in Geld umzuwandeln. Die Boten der Wirtschaft winken den Sprösslingen entgegen. Diese Zweiteilung der Gesellschaft ist in unseren Hirnen eingebrannt. Da hängen sie zappelnd im Sieb: Gymnasium = wertvoll oder Hauptschule = wertlos.

Alles dies wird begründet mit dem Selbstlauf wirtschaftlicher Sachzwänge. Dabei spüren viele Menschen, dass dieser schöne Fortschritt nicht mehr mit Hoffnungen verbunden ist. Es geht nun um die Frage, wie man den Blick von dem versteinernden Antlitz dieser wirtschaftlichen Vernunft, dieser Betongestalt, freibekommen kann für die Suche nach nicht lebensfeindlichen Alternativen. Die heutigen Götzen heißen: Technik und Wirtschaftswissenschaft, Wachstum und Profit, Leistung und Erfolg, und als heiligstes Paar im Götterhimmel, Bilanzen und Geschäftsberichte. Wann halten die Vorstände in den Konzernen inne? Vielleicht wenn sie mit einem Burnout-Syndrom in ihrer Privatklinik weilen, wo sie düster spüren, dass ihre Lebenslüge ausgebrannt ist.

Noch ist die Meinung vorherrschend, dass Lohnerhöhungen für die Masse der Arbeitenden klägliche Gewinne schaffen. Dieses allgemeine Gesetz gilt allerdings nicht für Hochlöhne. Auch die Kürzung der finanziellen Stütze an Arbeitslose erhöht die Aufnahme von einfacher Arbeit, und drückt die Lohnkosten der Unternehmen. Bei hohem Einkommen allerdings ist dieser Zwang unnötig, denn man greift doch gerne zu. Präziser und unverhüllter kann kein Bühnenstück die Abhängigkeit einer ganzen Gesellschaft von einer kleinen Schicht der Besitzenden und die Funktion der Politik in ihr schwerlich darstellen.

Die beim Jobwettbewerb erfolgenden Verdrängungsverfahren von oben nach unten können modellhaft mit dem Bild von unendlichen Warteschlangen im Markt verglichen werden. Die Arbeitslosen formen eine Schlange, wobei die relative Position eines Arbeitssuchenden durch solche Merkmale bestimmt wird, die von den Unternehmen als wichtiges Auswahlkriterium verwendet werden. Solche Merkmale sind Alter, Hautfarbe, Geschlecht und Bildungszertifikate. Nur die Arbeitslosen mit nützlichen Kennzeichen haben positive Aussichten und reihen sich im Schlangenkopf ein. Diejenigen, die am Ende der Schlange stehen, bleiben auch bei Konjunkturaufhellungen für immer arbeitslos. Irgendwann wird der Staat sie in seine Arme nehmen, und sie in der Pflegeindustrie beschäftigen. Arbeitssuchende mit guten herkunftsbedingten Merkmalen befinden sich eben automatisch auf den wertvolleren Positionen. Früher waren die Menschen, die sich in der Mitte der Schlange aufhielten, die industrielle Reservearmee. Heute braucht die vollautomatisierte Restindustrie keine Reservestreitkräfte mehr, und das Stehen in der Schlange ist hoffnungsloser geworden. Außerdem schiebt die Mittelschicht ihren Nachwuchs immer machtvoller auf die beliebtesten Plätze. Große Körperteile der Warteschlange sind vertrocknet und abgefallen. Die Bundesagentur für Arbeit mit ihren über 60000 Beschäftigten vertuscht mit riesigen Förderprogrammen das langsame Absterben der eigenen Äste. Fördern für sich langsam auflösende Arbeitsplätze prägt das Bild der Maßnahmen. Jobbörse ist das neue schöne Wort, dort wird nicht mit Wertpapieren gehandelt, sondern mit Menschen. Für einen kurzen Moment flackert ein Hoffnungsschimmer auf, dann spüren sie den Aufprall am Boden, der Wettkampf ist verloren. Andere haben den Platz schon eingenommen.

An Monatsenden ist dann das Gedränge in den Konsumhallen, denn es gibt staatliche Stütze für Kleinrentner und Arbeitslose. Die übersatten Habenden sind nicht anzutreffen. Hier schielen nur Hungrige auf Preise in den unteren Regalen. Wertvolle Menschen haben eigene Konsumgewohnheiten. Die Wertlosen müssen sich eben im Niedrigpreisbezirk einleben. In diesem Gesellschaftsstück erkennen wir, dass Arbeitslosigkeit die Grundlage für den Unterwerfungsprozess der unteren Sozialschichten sein soll. Wir müssen jedoch bedenken, dass solch ein Ungemach nicht alle Fragen nach der Ursächlichkeit von Jobverdrängungskämpfe, Deklassierung und Verarmung mit mehr oder weniger pauschalen Hinweisen auf Wirtschaftskrisen und Machtkartelle der Konzerne beantworten. Es müssen auch die Machtverhältnisse zwischen den sozialen Schichten und gesellschaftlichen Gruppierungen eingeblendet werden. Denn die wichtigen Schichten hocken noch frohgemut auf den gebeugten Rücken der unteren Schichten. Dieses Hocken wird gerne als Marktgesetzte umgedeutet, um schlicht abzulenken. Ein alles infizierender Bazillus hat sich da in das Denken der sozialen Wesen eingenistet, der verhindert, dass Arbeitsbesitzer und Arbeitslose gemeinsam gegen die Ausbeutung und Unterdrückung der Kapitalbesitzer kämpfen. Oder sind es die fein lackierten Prothesen, die das verängstigte Selbst so gerne trägt?

Zwölftes Kapitel

Sie sind nicht marktfähig

Bei den bisherigen Wahrnehmungen des sozialen Verhaltens in den Marktsphären Bildung und Arbeit mit ihren dramatischen Folgeproblemen haben wir das Bestehen der Konkurrenz unter den Menschen schon immer beständig mitgedacht oder sogar vorausgesetzt. Denn nur durch den gnadenlosen Zwang der Konkurrenzbeziehungen – bei Strafe des sozialen Untergangs – setzen sich die Merkmale der Bildungs- und Arbeitsbesitzer überhaupt als schematisches Verhalten in den einzelnen Menschen fest. Ohne die Konkurrenz kann man an ihrem antrainierten Verhalten im wirtschaftlichen Alltag sehr wenig verstehen.

Dabei ist sie zunächst keine persönliche Einstellung, oder ein unmoralischer Verhaltensstil, den man einfach abändern könnte, sondern ein zwingendes Bündnis mit unserer heiligen Konsumwirtschaft. So hängt auch die ständige Verschärfung der Gegnerschaft durch Arbeitslosigkeit mit gewaltsam sich durchsetzenden Konzernstrategien auf den Weltmärkten zusammen, die von der Politik mitgestaltet werden. Insofern kann man den Einzelnen nicht verantwortlich für diese Verhältnisse machen, denn es herrschen objektive Verhaltenszwänge. Obwohl diese Zwänge sich also durch eine fremde Sache entwickeln, schlagen sie sich in der Psyche und im Verhalten der Menschen nieder. Die Individuen werden gezwungen, wenn sie aufeinander stoßen, den jeweils anderen zu schädigen, so dass einer auf der Wegstrecke liegen bleibt.

Die größere Konsumleistung eines anderen Menschen ist keineswegs etwas wohltuendes, über das ich mich freuen könnte, weil es mir im gesellschaftlichen Rahmen auch zugute kommen kann, sondern primär etwas, das bei mir selbst Versagensangst oder die Angst unvollständig zu sein, hervorruft. Nehme ich der Fähigkeiten der Anderen wahr, lösen sie bei mir einen Impuls aus. Es beherrscht mich ein Interesse an der Lähmung derer, die mir gefährlich werden könnten. Manchmal gesellt sich zu der Abdrängung des Anderen auch sehr schnell etwas Freude an seinen Leiden. Diese heimliche Freude hat ein zusätzliches Beruhigungssignal, und es gibt mir das Gefühl eigener Kräfte. Diese Konkurrenzgebaren übertragen sich schleichend auf alle Sozialbeziehungen, nisten sich in die Seelen und in das Alltagsbewusstsein ein. So fördert unsere derzeitige Ökonomie die Entwicklung eines Menschen, der das Gefühl, selbst ein gesichertes Leben führen zu können, nur dann hat, wenn er Andere zur Seite drängt. Bei einer verschlechterten Arbeitsmarktlage kann man es bei Bewerbungsauftritten in vielfältig verfeinerten Formen beobachten.

Die Kolonisierung des menschlichen Verhaltens durch die Wirtschaft, welche die aggressiven Teile im Handeln zur unerträglichen Verselbstständigung treibt, wird im Alltagsbewusstsein verschleiert, und ist weitgehend für das bürgerliche Denken sehr kennzeichnend. Wer am härtesten ist, und seine Einzigartigkeit und Leistungskraft auf Kosten der Anderen am deutlichsten beweist, ist der Erfolgreichste. Die dekorativen Randfiguren bei diesem Auftritt, wie Maßanzug, Handtasche oder Mittelklassegefährt, sind dann die beachtlichen Symbole der Position. Diese Symbole sollen auch die persönliche Hinterbühne des Auftretenden verdecken, um die Schwächen und Ängste zu verstecken.

Feine Symbole bevölkern ganze Kauflandschaften und Werbespots im Fernsehen. Oft sind es auch unsinnige und unnütze Produkte, die als feine Instrumente angeboten werden, doch es sind eher Schablonen oder Zeichen der Langeweile.

Viele Erwachsene tendieren durch bescheidene Aufstiegsverheißungen dazu, sich gegenüber den prekär beschäftigten Arbeitenden als etwas Besseres zu fühlen und beziehen ihr brüchiges Selbstbewusstsein aus dem Festhalten an bürgerlich-reinliche Formen des Zusammenlebens. Da drehen sich täglich viele Millionen

Waschmaschinen mit einem neuen Waschmittel, wundersame Staubsauger stöhnen und Abertausend Autoräder rollen abends zu Restaurants. Dieser zur Schau getragene symbolische Konsum ist eher etwas Fassadenartiges, der artig zu beschaffen ist. Diese Schablonen werden durch Medien oder Nachbarschaften als etwas Selbstverständliches unserem Verhalten übergestülpt.

Das Verhältnis der Menschen zum Erwerbsleben wird durch die drohende oder wirklich erfahrene Arbeitslosigkeit entscheidend mitgeprägt. Dass die Angst vor dem Verlust des eigenen Arbeitsbesitzes in verborgenen Formen auch bei Angestellten, die äußerlich gesichert scheinen, weit verbreitet ist, wird in vielen Therapien entschlüsselt. Diese Angst ist nämlich ein unausbleiblicher Begleiter unserer Wirtschaftsordnung. Sie ist gleichzeitig für die Unternehmen noch die zuverlässigste Quelle zur Beschaffung von Arbeitsmotivation. Bekanntlich sinken Krankenstände in Zeiten größerer Unsicherheit ganz erheblich. Auch wird die Forderung nach mehr Lohn oder Demokratisierung am Arbeitsplatz sofort stark eingedämmt, mit dem wissenschaftlichen Hinweis darauf, dass eine Schmälerung der Profite unweigerlich in der scharfen Weltmarktkonkurrenz die Arbeitsplätze gefährden würde. Diese erzeugte pure Angst ist das strengste und zugleich erfolgreichste Zuchtmittel, das die Eingliederung der Menschen in unser Wirtschaftssystem sichert. Wie wirkt sich nun die Furcht oder der tatsächliche Hereinbruch der gefürchteten Arbeitslosigkeit auf die zwischenmenschlichen Erfahrungen und auf betroffene Familien aus? Welche Wirkungen werden an Kinder ungewollt und unbewusst weitergereicht?

Der Schlag ins Gesicht, der durch Arbeitslosigkeit verspürt wird, bedeutet, wer nicht arbeitet, soll verschämt zu Boden blicken. Dieser Blick zu Boden, diese Schamreaktion, wird von Menschen mit gesichertem Einkommen und ihrer Leistungsideologie hervorgerufen, weil sie auf die Verlierer herabblicken. Die Gewinner, die noch im Spiel sind, lassen dann auch schreiben: Die Nichtarbeiter sollen ihren Gürtel enger schnallen und nicht unseren Staat ausplündern. Das gute Gehalt der Leistungsbürger, dessen Anhäufung zum Zwecke des verbesserten Konsums im privaten Haushalt, diese Verlockung, dient auch als Abwehr gegen die Hoffnungslosigkeit bei drohender Arbeitslosigkeit. Diese beständige Drohung zeigt besonders deutlich, was die gleichgültige und verselbstständigte Ökonomie aus den Menschen macht. Man kann aus guten Gründen dieses Handeln als hilflos bezeichnen. Denn dieses Hundeleben der Einen und das jämmerlich Feine der Anderen sind nicht zukunftsfähig. Wann wird die Axt an diese ausschlagenden Wurzeln gelegt, und in veränderndes Handeln umgemünzt?

Sind da in den verödeten Schlafstätten der Wohnsilos an den Rändern der Städte oder in den bürgerlichen Stadthäusern der Wohnviertel an Südhängen noch Aufschreie möglich?

Viele Familien schrumpfen zur bloßen Fernsehkonsumstätte und Auftankstation, sie stehen als Gegenpol nicht mehr zur Verfügung. Besonders in den Großstädten schwinden sie langsam wie ein dahin siechender Fluss. Die dadurch Zurückgeworfenen auf scheinbar ganz individuelle einsame seelische Problemlagen verlieren die Kraft für solidarisches Handeln. Dieses ist auch eine Bedingung dafür, dass Partnertrennungen, wenn man sich also gegenseitig konsumiert hat, so erfolgreich und einseitig psychologisiert werden können, statt sie vor dem Hintergrund der herrschenden Ökonomie zu beleuchten.

Statt Aufschreie gibt es nun aber reichliche Ersatzgegenstände. Unsere Konsumgesellschaft mit ihren wirtschaftlichen Zwängen zur ständigen Marktausweitung hat auch für die Masse der Bevölkerung wunderschöne Dinge geschaffen, die früher kaum zu erahnen waren. Die kurzfristigen Konsumgüter – Kosmetika, Handys, Kleidung und Handtaschen – sollen zerstreuen und das Selbstvertrauen kitten. Diese ablenkenden Gegenstände erhöhen allerdings auch die Müllberge, doch es entsteht schon eine neue Entsorgungsindustrie. Ein anderer beliebter Versuch zur Wiedererreichung eines bedeutsamen Sinns, welcher eine gemeinsame Richtung geben soll, ist zum Beispiel das rapide Umsichgreifen der Haustier-haltung. Ein künstlich erhaltener Raum von Ersatzstücken dieser Natur in Gestalt von aufwendigen Tieren, Gärten und großen Topfpflanzen sollen gleichsam als Trost für das leidende Selbst fungieren. Das halb Zerbrochene kann da vorübergehend geklebt werden. Neben diesen kleinen Ersatzgegenständen gibt es auch wunderbare üppige. Es ist jedem absolut freigestellt, ob er sich vor-rangig für Hunde, Autos, Kinder, Segelboote, gutes Essen oder Fluchtreisen in den Süden interessiert. Diese Suchbewegungen zum schmückenden Konsum zielen auf eine beruhigende Überein-stimmung mit dem vorgefertigten Meinungsbild, um Zustimmung bei anderen zu erhaschen oder das Gewissen zu besänftigen. Regte sich da etwa Reue, kurze Schreie, in den großen Dienstwagen, die am Abstellgleis eines Arbeitsamtes vorbeifahren?

Die Menschen auf den Abstellgleisen der Arbeitsbeschaffungs-maßnahmen sind nicht mehr marktfähig.

Diese Gleise als Nebenprodukt unserer Wirtschaftsordnung sind nicht nur Reibungsverluste, sondern haben auch etwas Nütz-liches in sich. Diese Thematisierung in der öffentlichen Meinung verscheucht die Angst vor eigenem Statusverlust, und schweißt Arbeitsbesitzer in einem Kollektivbewusstsein zusammen. Denn je fragwürdiger, mittelbarer und gebrochener der soziale Zusam-menhalt der isolierten Besitzer ist, je dringender benötigen sie eine Scheinsolidarität, die sich aus einer gemeinsamen Empörung über das bequeme und untätige Verhalten der Arbeitslosen herleitet. Diese gemeinschaftliche Empörung über das Verhalten und bei seiner aufmerksamen Verfolgung in den Medien sind unbewusste Interessen mit im Spiel, die auf eine Erhaltung des Status quo hi-nauslaufen: auf eine Verfestigung des jeweiligen brüchigen Kom-promisses, den man selbst mit den Normen und der eigenen Wut eingehen musste.

Wenn man es in dieser nach Gewinn strebenden Gesellschaft zu etwas bringen will, oder auch nur ein kleiner anerkannter Konsument sein möchte, dann muss man schon einiges können: Erstens muss man die unterschiedlichen Gebote der Zwischenmenschlichkeit zwischen den Lebensbereichen des Arbeitsmarktes, des Konsums und des Privaten sauber auseinander halten können. Man muss zweitens in der Lage sein, die wirtschaftlichen Seiten des Alltags und die sozialen Verpflichtungen unter einen Hut zu bringen, damit es gelingt ohne Orientierungsverluste, Verwechslungen oder lähmende moralische Skrupel sich durch die Klippen der widersprüchlichen Rollenanforderung hindurchzulavieren. Wer Vertrauensseligkeit in sein Marktverhalten mit hineinschleppt, weil er nicht gelernt hat, sich ihrer rechtzeitig zu entledigen, der dürfte in kürzester Zeit den Überlistungsstrategien seiner unmittelbaren Konkurrenten auf dem Arbeitsmarkt zum Opfer fallen. Wer etwas Wertvolles geworden ist, eine vortreffliche Fähigkeit zum sozialen Auftritt hat, kann aber ebenso gut Leute als Konkurrenten in einer besonders erfolgreichen Weise wirtschaftlich in den Abgrund schieben. Für die Ausgebooteten ist dann der anonyme Sozialstaat zuständig. Dieses rückgradlose und gummiartige Verhalten, das auch an den Nachwuchs weitergegeben wird, ist aber gefährlich, weil es die ökonomisch bedingte Gleichgültigkeit, Flexibilität und Unverbindlichkeit im Zwischenmenschlichen unhinterfragt unterstützt und vorantreibt. Es entsteht ein stummer Zwang zum weiter so, untermauert von einer Drohung des schwebenden Schwertes Arbeitverlust und Ansehensverlust.

Auf diese unwürdigen Formen des menschlichen Zusammenlebens im kapitalistischen Erwachsenenalter werden nun die Heranwachsenden in Familie, Kindergarten und Schule vorbereitet. Dabei geschieht diese Vorbereitung weitgehend unabhängig vom guten Willen der Erzieher und ihrer Lernziele. Dieses Bereitmachen zur Anpassung geschieht eben dadurch, dass sich eine Wirtschaftsordnung in alle Lebensbereiche einnistet. Ein Bereich ist der Kinderwunsch, er meldet sich verspätet, wenn ein hohes Berufsziel erklommen wurde. Mit Hund und feinem Auto ist es geruhsamer zu leben. Und wenn Kinder da sind, dann wird ihnen etwas aufgebürdet. Schleichende Kompensationsbedürfnisse in einem Familiengehäuse durch ökonomische Probleme der Eltern; kein Hüpfen und Klettern im Wald an Nachmittagen, sondern alljährliche Fluchtbewegungen zu südlichen Inseln. Nach der Schule bietet sich für die Kinder das Fernsehen als Ersatzgegenstand für das Fehlende und Ventil für das Neugierverhalten geradezu an. Von Sekunde zu Sekunde wechseln die Bilder, und so wird das am Morgen mühsam im Hirn Kurzgespeicherte schnell wieder gelöscht.

Man kann daraus folgern, dass eine stumpfe Gesellschaft die Individuen, die sie benötigt, niemals erziehen könnte, würde in solcher Erziehung nicht folgenreich in die Natürlichkeit des Kindes eingegriffen. Wenn heute zunehmend die Kindheit bereits in der Kindheit gerodet wird, die Kinder zweckgerichtet mit der Konsumwelt vertraut gemacht werden, dann wird jener Infantilismus einer Konsumbiographie als Ausgleich gerade systematisch gezüchtet, die sich mit der herrschenden Normalität, dem öffentlichen Meinungsbild, so gut verträgt. Da entsteht eine Persönlichkeit, die es gut versteht, sich wie ein Automat an sein Milieu anzupassen und für sich den erforderlichen Profit herauszuschlagen. Dieses marktfähige Musterwesen will ja nur das Wohlige für sich.

Das letzte Kapitel

Das Schmackhaftmachen der Selbstbehauptung

Auf uns lastet eine Bedrohung, denn wir werden in wirtschaftlichen Räumen gehalten, die sich selbst zerstören. In denen wir aber hartnäckig weiterleben wollen, während sich die künftige Entwicklung dunkel am Himmel abzeichnet. Wir tun alles erdenkliche, fein lackiert und wund, um das zu ignorieren.

Wir tun alles andere lieber, als den tiefen Graben zu bemerken zwischen einer beherrschenden Marktwirtschaft und den Bewohnern der Räume. Es ist auch angenehmer den beruhigenden Worten der Führer und Strategen des herrschenden Wirtschaftsregimes, die sie mit Hilfe der Politiker an uns richten, zu zuhören. Wenn die Götter dieser Wirtschaft nun weiterhin diese sozialen Räume ruinieren, wenn sie nun vor allem daran festhalten Arbeit zu vernichten und Mitmenschen wegzustoßen, dann ist eine Ungerührtheit nicht mehr möglich.

Zum ersten Mal ist die Masse der Arbeitnehmer für die kleine Anzahl der Mächtigen materiell nicht mehr notwendig und wirtschaftlich erst recht nicht. Das ist die Gefahr, die sie auf lange Sicht bedroht, sie sich aber dessen nicht bewusst sind und glauben, ihre Arbeitslosigkeit sei nur eine vorübergehende Folge einer unbeständigen Konjunktur. Die Tatsache, dass das Fehlen der Arbeit, außer Dienstleistungsberufe wie Altenpflege und IT-Berufe, heute zur heimlichen Norm geworden sind, scheint uns allen zu entgehen. Die Wirtschaftsoberen müssen diese Verschleierung verbergen, die sie in unser Alltagsbewusstsein transportiert haben, und die Illusion von der vorhandenen Arbeit, die ja nur vorübergehend nicht da ist, die Illusion eines vorübergehenden Mangels, dass man abzustellen vorgibt. Das ist Betrug, aber man will seinen Einfluss auf Wähler erhalten. Auch Frauen rund um den Globus strömen verstärkt auf Arbeitsmärkte, wodurch einer Männerdomäne der

Boden entzogen wird. Hinter der Norm der Doppelverdiener-Familie des neoliberalen Marktes verbirgt sich jedoch eine Gestalt des abgesenkten Lohnniveaus für Frauen und sinkenden Lebensstandards für die untere Hälfte der Gesellschaft.

Die neue Frauenbewegung hat auch hier ihre Zutaten geliefert, vielleicht unwissentlich. Einerseits die Laufmannschaft der berufstätigen Mittelschichtfrauen mit ihrer Entschlossenheit die männliche Domäne zu durchbrechen, und auf der anderen Seite die weiblichen Teilzeitkräfte, Niedriglohnkolonnen, Putzzüge und Hausmagdangestellten. Letztere sollen keine Würde haben, keine persönliche Weiterentwicklung und keine Befreiung von Abhängigkeitsverhältnissen.

In jeder politischen Rede wird uns mehr Beschäftigung angekündigt, der Zustand wird jedoch nicht eintreten. Botschafter und Zuhörer, Redner und Wähler, sie wissen es alle, sie haben sich um diese Illusion geschart und miteinander verbündet, um dieses Wissen zu leugnen. Andere Reden sind etwas verzweifelt, und haben einen Hauch von Trauer über das untergehende System. Die Entlohnung die uns einschätzte, Arbeitszeiten, Urlaub, Pensionierung, Zeitstrukturen und die Geborgenheit der Gruppe, alles löst sich langsam auf und verweht.

Es geht nicht darum, etwas zu beweinen, was nicht mehr existiert. Es geht nicht darum die Globalisierung und neue Technologien abzulehnen. Es geht darum, sich der Enteignung, sich der inneren Landnahme zu entledigen, um die Dinge klar sehen zu können. Die Analysen und Berichte der Wirtschaftspresse, die keinen Widerspruch dulden, vermitteln uns, dass unsere Wirtschaftskultur allein den Führungsschichten vorbehalten ist und nur in den Händen der Entscheidungsträger gut aufgehoben ist. Alle Anderen sollen so leben und verbrauchen wie es ihnen vorgegeben wird, aber bitte mit etwas mehr Willen zum genormten Konsum.

Angesichts dieser Verhältnisse ist es schon seltsam, dass niemand daran denkt, das Ausradieren der Lohnarbeit mit allen Mitteln zu verhindern. Ihr Fehlen wird einfach als Zwischenspiel dargestellt, und auf eine neue Dienstleistungsgesellschaft verwiesen. Doch auch hier wird rationalisiert, und eine immer größer werdende Masse Menschen weggeworfen. Es ist unumgänglich das Leben vieler, die angesichts des Mangels an Beschäftigung als ü-überflüssig gelten, auf solidarischen Wegen lebbarer zu gestalten, indem die Arbeitszeit generell verkürzt wird.

Wir sind Opfer einer Amnesie. Und stecken wir nicht auch mit unserer kleinen vertrauten Welt, die in die Gewalt wirtschaftlicher Mächte geraten ist, in der Falle? In einer Welt, die nicht mehr unserem Rhythmus entspricht, die aber selbst den Takt angibt. Einen Raum wo es wenig Fluchtwege gibt, da er vollständig von fremden Gesetzen durchdrungen ist. Verbissen wollen wir in ihm weiterleben, in dem wir uns festkrallen, weil wir von seinen Gaben, seinen überquellenden Kaufhäusern auf immer begeistert sind.

Die Frage, wie sich die Zukunft entwickelt, reduziert sich heute auf Untersuchungen der künftigen Nachfrage, auf das Konsumentenverhalten. Es bestimmt die weitere Entwicklung der Warenwelt, also der Welt, die für uns wichtig ist. Was wird in genügendem Maße verkauft werden können? Wann werfen freudige Konsumenten endlich das Verbrauchte weg, damit eine ausreichend große Anzahl von Konsumentenströmen mit übervollen Einkaufswagen erneut die Kaufhallen verlassen können? Die neuen Propheten, die das Konsumklima erforschen, haben die Aufgabe, ihre Ergebnisse als Verheißung der Zukunft zu verkünden und nebenbei die Menschen zu neuen Käufen anzuregen. Die Regale müssen sich leeren, denn volle Containerschiffe legen in deutschen Häfen an.

Es sollen immer mehr Waren auf immer größer werdenden Märkten verkauft werden. Lange darf deshalb die Verzauberung durch eine Ware nicht anhalten. Immer größere Müllwagen fahren täglich durch Städte, und kippen das Entzauberte in riesige Verbrennungsöfen. Junge einsame Menschen irren mit einem Handy durch Straßen und warten auf eine Botschaft, eine lang ersehnte

SMS, um sie kurz nach einem flüchtigen Blick wieder zu löschen. Was ist in uns eingedrungen, was hat uns ausgehebelt? Ein ökonomisches Regime hat sich in uns eingenistet, hat unser Denken übernommen. Was bleibt, ist der Ehrgeiz der Menschen, lieber innerhalb eines Denkfehlers eine hohe Anerkennung erringen, als diese wirtschaftlichen Übelstände überwinden, in dem einige so wohlig eingebettet sind. Andere liegen jedoch unter dem Bett, ziehen sich verzweifelt am Laken hoch, um einen wärmenden Platz im System zu ergattern.

Dieses Wärmende ist in Wahrheit ein Herrschaftsgebilde, von dem wir uns befreien sollten. Wir müssen dieser Auslieferung der Menschen an Marktprozesse entkommen. Gerade die Arbeit der Finanzjongleure am gigantischer Überschuss an Rendite suchendem Geld, das nicht in der Realwirtschaft erwirtschaftet wurde, weil es dort keine renditefähige Anlage mehr fand und sich deshalb neue Anlagemöglichkeiten erst erschuf. Dies geschah auf der Grundlage, dass viele die freien Märkte als etwas Wunderbares sahen, und die Krisenanfälligkeit ignorierten. Dieses wunderbare System erzeugt Arbeitslosigkeit, Armut und schlechte Arbeitsverhältnisse durch Nebenschäden. Dieses wird aber interessanterweise nicht als Ausdruck der Krisenanfälligkeit und der politischen Fehler einer kapitalistischen Wirtschaft gesehen, sondern umgekehrt als Folge eines geplünderten Sozialstaates.

In der aktuellen Krisendebatte werden auch wirtschaftliche Grenzen des Wachstums ignoriert und tabuisiert. Gleichzeitig treffen aber auch Bedürfnisse an ihre Grenzen bei jenen, die schon alles haben. Die permanente Rationalisierung durch den Einsatz immer neuer Techniken treibt die Ökonomie zunächst voran, verwandelt sich aber dann zu einer grausigen Bremse. Sie erzeugt nämlich Arbeitslosigkeit, wenn sie nicht durch Arbeitszeitverkürzung aufgefangen wird, und schmälert über ihre Wirkungen die Massenkaufkraft. Dann sind die Gewinnerwartungen der Konzerne in Gefahr, die gerne unter Einsatz von Dauerbeschuss mit Werbung ihre Waren übers Land spülen möchten, um das wenige Geld der unteren Schichten einzusammeln. Einzig die sukzessive Verkürzung der Arbeitszeit ohne Lohnausgleich für alle Vollzeitbeschäftigten ist der Ausweg aus dieser Misere. Zurzeit wird jedoch die Verkürzung nur in Form zunehmender Teilzeitarbeit bei Frauen sowie der Zunahme von befristeter Beschäftigung und boomender Leiharbeit vorangetrieben, um Belegschaftskerne und Beamte vor kleinen Gehaltsminderungen zu bewahren.

Dem herrschenden neoliberalen Denken zufolge gibt es zur jetzigen Arbeitsmarktordnung und der Form der globalen Arbeitsteilung nicht nur keine Alternative, sondern es wird auch behauptet, die Entscheidung diesen Weg zu gehen sei fortschrittlich, und allen Menschen mit Unternehmergeist sei der Erfolg sicher. Es genügt nicht zu erkennen, dass diese Behauptungen unsinnig sind, keiner ernsthaften Überprüfung standhalten und auch durch Tatsachen widerlegt sind. Die Arbeit an einer sozialen Alternative ist schwierig. Das wird ein langer beschwerlicher Fußmarsch. Denn das Grundversprechen der Ideologen lautet, freie Märkte werden zu größeren wirtschaftlichen Erfolgen und wachsenden Wohlstand führen. Die Verschärfung sozialer Ungleichheiten ist gut gelungen, doch die positiven Ergebnisse stehen aus. Ein Wettlauf um höchste Kapitalerträge für Vermögende und die niedrigsten Löhne für die Arbeitnehmer ist im vollen Gange. Das Ergebnis ist überall an den mageren Rändern der Städte sichtbar. Wer jedoch sich von Ausgrenzung bedroht fühlt, trachtet seinerseits nach Ausgrenzung der noch Schwächeren und der Fremden.

Aufgabe einer Kapitalismuskritik muss sein, die Ursachen dieses gigantischen Versagens aufzudecken. Die Gründe herausfinden, weshalb sich Männer und Frauen, Klagende und Verfechter sich diesem System und sich selbst unterwerfen. Jeder sucht in diesem Schlamm mit eiliger Hand nach Pfründen, Anerkennung und Geld. Dieses Suchen geht mit Unterdrückungs- oder Ausbeutungswerkzeugen einher. Werkzeuge in den Händen der Besitzenden werden jedoch oft als globale Viren verschleiert, und lähmen damit die gesellschaftlichen Widerstandspotenziale. Das Unmenschliche wird zusätzlich durch die Identifikation mit den Gewinnern im Steigerungsspiel für beide, Gewinner und Verlierer, hinter der Bühne versteckt.

Die Behauptungen der Liberalen, die ohne Widerstand in unsere öffentliche Meinung eingewoben wurden, dass Fragen des guten Leben und nach dem Glück Privatsache seien, werden fraglos von der Masse übernommen. Dadurch leisten sie auch der Aufrechterhaltung des Hamsterrades und des Steigerungsspiels heftig Vorschub. Bloß nicht fragen, wohin uns Wachstum und Alltagsbeschleunigung hinführen soll. Solange wir uns auch individuell immer verzweifelter um Standortsicherung und Aufrechterhaltung unserer Wettbewerbsfähigkeit kümmern müssen, solange wir in einem immer schneller sich drehenden Hamsterrad gefangen bleiben, ist es schwierig für unser Gehirn, die Frage des richtigen Lebens einzublenden. Die zweite uns bewegende Frage sollte sein, wie sich der zur Herrschaft im Wirtschaftsleben und im Privatleben gelangte Kapitalismus die Menschen erzieht und schafft die er bedarf. Wir müssen also unseren Blick von dem ökonomischen Kreislauf abziehen und auf die sozialpsychologische Prozesse der Vergesellschaft lenken. Der Ort des Übels ist dann nicht mehr im Geld zu suchen, sondern in den Subjekten. Sie benutzen, wie in der Tier- und Pflanzenwelt zu beobachten, Lockmittel, um andere für sich arbeiten zu lassen. Offensichtlich wird dieses Handeln in unserer Gesellschaft immer mehr bejaht. Und auch im Sozialstaat brauchen sich nicht mehr nur politische Akteure für ihr unsoziales Tun rechtfertigen, sondern auch die Wirtschaft braucht, trotz Hilferufe, immer weniger die Menschen wissen lassen, warum sie trotz Dauerarbeitslosigkeit und Millionengehälter, Rohstofffraß und Armut alles beim Alten lässt.

Wer sich durch grenzenlose Beweglichkeit, Mobilität und Anpassungsfähigkeit auszeichnet, und mit seinem fügsamen Konsumverhalten zum allgemeinen Wohl der Konzerne beiträgt, der kommt im wahrsten Sinne des Wortes groß raus. Diese herrschende Aktivierungsnorm hat ebenso entfremdenden wie selbstausbeuterischen Charakter. Was den Entfremdungsvorgang angeht, so sieht die Aktivierung von den privaten Wünschen der Menschen ab, um diese voll und ganz im Sinne wirtschaftlicher Interessen zu mobilisieren. „Sozial ist was Arbeit schafft!" ruft es von der politischen Bühne. Alle Personengruppen sollen dieser Mobilisierungsaufforderung folgen, Vorschulkinder und Studierende, Arbeitslose und Frührentner. Erwerbsarbeit für den Konsum als Richtschnur gesellschaftlicher Erwartungen. Wer diese Erwartungen nicht erfüllt ist unsozial. Was die Menschen selbst für sich als Inhalt eines emsigen Lebens wünschen würden, spielt in unserer Wirtschaftsordnung keine Rolle. Wer jedoch die gesellschaftlichen Bedingungen realisieren kann, tatsächlich sich gebeugt hat und eine gewisse Art des Konsumierens zeigt, der feine Kleider trägt, trägt auch zum Schweigen bei. Einfach gesagt: Das Jenseits des heutigen Kapitalismus kommt keineswegs von außen oder von oben, sondern von innen und von unten, vom kritischen Denken.

Die Masse der Bevölkerung schweigt, auch wenn es drückt und sich vereinzelt an Bahnhöfen und Gleisen entlädt. Die bestehenden Herrschaftsverhältnisse nähren sich vom Verharren. Woher kommt die Apathie der unteren Sozialschichten, diese Kultur des Stillhaltens? Das gelingt, weil diese Menschen die Theorie von der natürlichen Unterlegenheit der Unteren unter dem Druck von Macht und Angst, und durch Verlockungen, verinnerlicht haben. Die innere Unterwerfung vor der Übermacht der Arbeitgeber, den Mächtigen, führt dazu, dass die Arbeitnehmer am unteren Rand der Lohnspreizung und Arbeitslose sich selbst so sehen, wie die Arbeitgeber und Arbeitnehmer im Hochlohnsektor sie sehen, nämlich als nichtig. Alles was sie erfahren, ist eine immer neue Bestätigung dieser ihrer Unbrauchbarkeit und Nichtigkeit, und daraus entsteht Armut, Unwissenheit und Fremdbestimmung. Das wichtigste Instrument dieser kulturellen Kolonialisierung, dieser Besetzung des Alltagsbewusstseins, dieses Quartier nehmen im Gehirn, ist die Erziehung in unserem Bildungswesen und die Lernprozesse im bürgerlichen Milieu, die sich im Klima von Konkurrenz und Abstiegsängste vollziehen. Auch die neoliberale Aktion der Wirtschaftpolitik zur Domestizierung, zur inneren Unterwerfung der Fremdbestimmten, ist wahrscheinlich die eindruckvollste politische Krisenstrategie der letzten Jahre. Der Kern dieser Strategie liegt in der staatlichen Politik der Beschäftigungsförderung und der propagierten Schaffung von Arbeitsplätzen um jeden Preis. Das Verteilungsproblem um Arbeit wird dadurch nicht gelöst, sondern es wird gleichzeitig festgelegt, was gedacht und gesagt werden soll.

Jedenfalls ist es ein unmittelbar einleuchtender Aspekt einer Kultur der Apathie und des Verstummens. Eine Kultur müsste eigentlich zur Kritik unserer Bildungsklassengesellschaft aufrufen. Doch der Grundsatz Wissen ist Macht ist zum universalen Herrschaftsprinzip geworden ist.

Die Herrschaft einiger Wissenden ist darum so gefährlich, weil sie sich nicht allein über den gesellschaftlichen Status oder das Privateigentum, sondern über ein selektives Bildungssystem aufrechterhält, das der Mehrheit das Wissen nicht nur vorenthält, sondern in vielen Schulen schon die Fähigkeiten verkümmern lässt. Man kann Schülern ihre Neugier und damit ihre Lernfähigkeit schon sehr früh abdressieren. Hierdurch entsteht in vielen Leben später Arbeitslosigkeit, Armut und sozialer Ausschluss. Doch das wird schnell als ein Problem der Begabung umdefiniert. Die Schaffung von Arbeitsplätzen wird dann zur großen verheißenden Formel, sozusagen die Märchenerzählung gegenwärtiger Politik. Es dient zur Ablenkung und Rechtfertigung einer arbeitgeberfreundlichen Regierungshandlung, in der Arbeitnehmer aufeinander gehetzt werden, um sie gefügig zuhalten.

Die staatliche verordnete Beschäftigungsideologie im Sinne von freiem Arbeitsmarkt verhehlt jedoch unser gesellschaftliches Kernproblem – dem Verteilungskonflikt um Arbeit, Einkommen und Anerkennung – grundsätzlich. Denn die als natürlich empfundene Hegemonie der Machtverhältnisse im Arbeitsmarkt wird mit Hilfe des Sozialstaats und des Schulwesens in Gang gehalten. Jugendliche werden mit den unerbittlichen Machtverhältnissen der Bildungsklassengesellschaft langsam durch die Schulen bis in den Arbeitsmarkt geschleust. Die Einen durch zufüttern mit Nachhilfe und Psychopharmaka in kleinen Dosen, und die Anderen durch Vorbereitung auf einen Dienst mit Besen, Säge und Schere. In dem unser Bildungssystem schon immer entsprechend dem Mythos von den begabten Eliten und den unbegabten Mehrheiten organisiert wurde, erzeugte man, was erwartet wurde. Diese Einwirkungen auf Jugendliche verdammt viele später zum Schweigen. Da im Zuge anhaltender technischer Fortschritte immer mehr Arbeit eingespart wird, kann neue Arbeit nur noch im gering entlohnten Bereich und im befristeten Bereich einer neuen Dienerschaft entstehen. Der magere Lohn verdammt die Ungeförderten hier zur Anpassung. Doch ebenso lautlos geben sich verführte Begabte mit ihren feinen Kleidern und hübschen Villen. Sie sind eingemeindet in Machtverhältnisse, dort fühlen sie sich wohl. Sollen sie in dieser gemütlichen Gemeinde das Prinzip - gleiche Teilhabe an ökonomischer Arbeit – einfordern, sich ihre Äste absägen?

Das Programm der Zwänge zur Annahme von gering entlohnter Beschäftigung ist zentral für eine neue Richtschnur. Das oberste Ziel ist Integration in den Arbeitsprozess, und auch zu unwürdigen Löhnen, denn es wird einfach mit Steuergeldern aufgestockt. Die Großkonzerne und die Mittelschicht haben ihre Wünsche mit Hilfe der Politik ohne Widerstand umsetzen können. Der Staat stützt so die herrschende wirtschaftliche Ordnung, ohne Rücksicht auf soziale Verwerfungen. Die Regierungspolitik preist sich hier als Dienerschaft der Vermögenden an. Das Kommando haben heute die Konzernherren, denn sie sehen sich unversehens in der Interessenlage früherer Feudalherren.

Ob wir diesen Sachverhalt verdrängen oder verabscheuen, ob wir ihn aus unserem vorgefertigten Meinungsbild verdammen wollen oder ob wir ihn in unserem Handeln verankern wollen, hängt natürlich von der Interessenlage ab, in der wir uns befinden. Wer möchte sich schon von einem warmen Bett verabschieden.

Die heutige Rendite-Produktion der großen Konzerne gedeiht durch verführte dümmliche Konsumenten, die einfältig dafür sorgen, dass ihnen auch noch die Mehrwertsteuer aufgebrummt wird, bevor sie ihre Kofferräume voll stopfen. Tatsächlich suchen Berufstätige und Arbeitslose nicht die Überwindung dieser gesellschaftlichen Verhältnisse, sondern kurbeln sie noch kräftig an, um ein wenig partizipieren zu können.

Die Frage, wie schnell etwas auf dem Markt geworfen werden kann, ist das Maß aller Dinge. Wie weit können die Lohnkosten gesenkt werden, um jene Umverteilung in Gang zu halten, die mehr Wachstum des eigenen Wohlstandes erwarten lassen; etwas anderes bedeutet die Verbesserung der Gewinnaussichten nicht. Denn das Glück der Menschen ist ein reich beladenes Kaufhaus. Selbst schon Jugendliche bemessen ihren Wert nach dem Besitz von Kleidungsstücke und Handys. Sie werden später mithelfen, dass dieses unsoziale System sich weiterhin Bahn bricht. Es ist in ihnen eingewoben, sie werden sich nicht verweigern. Dieses System hat eine beachtliche Steigerung des Wohlstandes für eine kleine Gruppe gebracht, und zugleich eine beachtliche Zunahme der Verarmung unterer Schichten vollbracht. Diesen Erfolg haben sich die so genannten Leistungsträger selbst zugeschrieben. Doch für die schwelenden sozialen Wunden, die erst bei Konjunktureinbrüchen aufplatzen, werden die leidenden Schichten beschuldigt.

Plötzlich werden Stimmen laut, einige im Publikum haben sich erhoben, haben ihr Verharren abgelegt, sie rufen etwas zur Bühne, und dann hört man es im ganzen Theater: Nicht so, nicht dermaßen, nicht um diesen Preis wollen wir regiert werden! Aber schon schreit es empört von den Rängen auf sie nieder: Ruhe, wir Marktfähige haben euch zu eurem Wohlstand verholfen!

Schneiden wir die Gurte in unseren Hirnen durch, um wieder
Regisseur unseres Lebens zu sein!

Über tredition

EIN EIGENES BUCH VERÖFFENTLICHEN

tredition wurde 2006 in Hamburg gegründet. Seitdem hat tredition mehrere tausend Buchtitel veröffentlicht. Autoren veröffentlichen in wenigen leichten Schritten gedruckte Bücher, e-Books und audio-Books. tredition hat das Ziel, die beste und fairste Veröffentlichungsmöglichkeit für Autoren zu bieten.

tredition wurde mit der Erkenntnis gegründet, dass nur etwa jedes 200. bei Verlagen eingereichte Manuskript veröffentlicht wird. Dabei hat jedes Buch seinen Markt, also seine Leser. tredition sorgt dafür, dass für jedes Buch die Leserschaft auch erreicht wird.

Im einzigartigen Literatur-Netzwerk von tredition bieten zahlreiche Literatur-Partner (das sind Lektoren, Übersetzer, Hörbuchsprecher und Illustratoren) ihre Dienstleistung an, um Manuskripte zu verbessern oder die Vielfalt zu erhöhen. Autoren vereinbaren direkt mit den Literatur-Partnern die Konditionen ihrer Zusammenarbeit und partizipieren gemeinsam am Erfolg des Buches.

Das gesamte Verlagsprogramm von tredition ist bei allen stationären Buchhandlungen und Online-Buchhändlern wie z. B. Amazon erhältlich. e-Books stehen bei den führenden Online-Portalen (z. B. iBookstore von Apple oder Kindle von Amazon) zum Verkauf.

Jetzt ein Buch veröffentlichen: **www.tredition.de**

EINE BUCHREIHE ODER VERLAG GRÜNDEN

Seit 2009 bietet tredition sein Verlagskonzept auch als sogenanntes "White-Label" an. Das bedeutet, dass andere Personen oder Institutionen risikofrei und unkompliziert selbst zum Herausgeber von Büchern und Buchreihen unter eigener Marke werden können. tredition übernimmt dabei das komplette Herstellungs- und Distributionsrisiko.

Zahlreiche Zeitschriften-, Zeitungs- und Buchverlage, Universitäten, Forschungseinrichtungen, u.v.m. nutzen diese Dienstleistung von tredition, um unter eigener Marke ohne Risiko Bücher zu verlegen.

Alle Informationen im Internet: **www.tredition.de/Buchverlage**

tredition wurde mit mehreren Innovationspreisen ausgezeichnet, u. a. Webfuture Award und Innovationspreis der Buch-Digitale.

tredition ist Mitglied im Börsenverein des Deutschen Buchhandels.

Zeitfracht Medien GmbH
Ferdinand-Jühlke-Straße 7
99095 Erfurt, Deutschland
produktsicherheit@kolibri360.de